每天学点
实用心理策略

徐林◎编著

生活离不开心理学，一个人每日所见所闻无不包含心理学道理，
所思所想都可能暗含心理学效应；

你是否亟需掌握影响人心的心理智慧？
是否希望知晓聪明处世的秘法集锦？
即看即用的心理策略，让你快速拓展人脉、拥有超强人气，成为生活中的心理学高手。

中国纺织出版社

内 容 提 要

人际关系中的各类问题都与心理学有着千丝万缕的联系，心理策略是指利用心理学的相关原理、效应和方法等指导自己，在与人博弈的过程中获取胜利的方法和技巧。

本书为你揭开心理学的神秘面纱，让你在复杂的人际关系中，轻松掌握多种有效应对心理博弈的战术。鲜活的案例，帮你针对不同情景模式一一做出详尽的解析，让你在与人博弈的过程中过关斩将，掌控人生。

图书在版编目（CIP）数据

每天学点实用心理策略 / 徐林编著. -- 北京 ：中国纺织出版社，2017.5（2022.1 重印）

ISBN 978-7-5180-3217-4

Ⅰ.①每… Ⅱ.①徐… Ⅲ.①心理交往—通俗读物 Ⅳ.①C912. 1-49

中国版本图书馆 CIP 数据核字（2017）第 018198 号

责任编辑：闫星　　责任印制：储志伟

中国纺织出版社出版发行

地址：北京市朝阳区百子湾东里 A407 号楼　邮政编码：100124

销售电话：010—67004422　传真：010—87155801

http://www.c-textilep.com

E-mail：faxing@c-textilep.com

佳兴达印刷（天津）有限公司印刷　各地新华书店经销

中国纺织出版社天猫旗舰店

官方微博 http://weibo.com/2119887771

2017 年 5 月第 1 版　2022 年 1 月第 2 次印刷

开本：710×1000　1/16　印张：18

字数：240 千字　定价：48.00 元

序言

生活中的人们,不知你是否曾有过这样的经历:

逛街时,你明明不是很喜欢某个东西,却因为导购的巧言推荐而买下了;原本互看不惯的两个人,最后却成为了知心朋友;而原本无话不谈的两个人,最终老死不相往来;朋友求助于你,原本你打算拒绝,最后却因对方的三言两语而答应了……

为什么会发生这些情况呢?其实,这都是因为心理因素在作怪。有人说,这世界上最难摸清楚的就是人的心理,所以才有了"知人知面不知心"的说法。事实上,人们的众多行为都是受到心理的支配的。

法国文学家罗曼·罗兰曾说:"人类的一切生活,其实都是心理生活。"的确,在我们的社会中,无时无刻不在上演着各种各样的心理战,心理学渗透到我们的工作、生活、人际交往各个方面。可以说,心理学正在影响甚至塑造着我们的生活。

在与人打交道的过程中,我们总是捉摸不透别人的心理,所以当别人做出某些让我们寒心或者不可思议的事情时,我们总是无能为力,不知道如何应付。

事实上,有的时候,我们不但摸不透别人的心理,就连我们自己的心理,也不能把握,而要做到这两点,我们就有必要学点心理策略。

伟大的心理学家荣格曾说过:"心灵的探讨必将成为一门十分重要的学问,因为人类最大的敌人不是灾荒、饥饿、贫苦和战争,而是我们的心灵自身。”心理学是一种武器，是一剂良药，更是一缕春风。

从某种角度而言，学点实用的心理策略对我们非常有用。简单点来说，心理学上的种种策略，有助于你做出更好、更有价值的人生选择。著名行为心理学派大师阿尔伯特·班图拉曾说：“心理学不能告诉人们应当怎样度过一生，但是，它可以给人们提供影响个人变化和社会变化的手段。而且，它能帮助人们去评估可供选择的生活方式及社会管理的后果，然后做出价值抉择。”

事实上，无论是人际交往还是做人做事，都与心理学有着不可分割的关系。中国古代兵法云：“用兵之道，攻心为上，攻城为下；心战为上，兵战为下。”这一兵法尤其在现代社会社交生活中大有用武之地，如果不懂心理学，即便你口若悬河、煞费周章，也可能南辕北辙、毫无效果；相反，如果懂得心理学，可能只需付出一点点，便能洞悉对方内心世界，从而先入为主，占尽社交先机，达到交际目的。

因此，生活中的每一个人，都应该学点实用心理策略。它能帮你认清周围的环境，获得辨别他人的能力；可以使你看破一个人的真伪、洞悉他人内心深处潜藏的玄机；让你摆脱无所适从的困惑，进而懂得以不变应万变，进而指导你怎么说话、怎样做事；让你从容应对各种人际关系，不再四处碰壁，牢牢地掌握人生的主动权。本书中的诸多心理指导，可以帮助你处理好各种纷繁复杂的人际关系，让你多长几个心眼从容处世。

编著者

2015 年 11 月

第 1 章 洞悉他人,懂心理助你成就大事 …… 1

钥匙理论:以小取大,四两拨千斤 …… 3

要成大事,就要有换位思考的心理前提 …… 5

制造心理共鸣,迅速拉近彼此的心理距离 …… 7

非理性定律:感性语言攻破他人心理“堡垒” …… 10

焦点效应:把主角位置让给对方,自己更得胜算 …… 12

示弱效应:巧妙利用对方的“同情”心理 …… 15

第 2 章 讲究策略,让别人对你产生良好印象 …… 19

相悦定律:让你喜欢的人同时也欣赏你 …… 21

首因效应:首次见面就给对方留下好印象 …… 23

近因效应:如何消除他人对你的不良印象 …… 25

费斯诺定理:耐心倾听建立彼此信任 …… 28

名片效应:迅速拉近距离,获得好感 …… 30

多看效应:“脸熟”才更易被接受 …… 32

第3章 懂得提防,警惕他人设的“陷阱” …… 37

钓鱼效应:你的好奇心只会让你掉进罗网之中 …… 39

简单联想会让你的思维陷入误区 …… 41

走出从众心理带来的盲从 …… 43

晕轮效应:有些片面的优点很有迷惑性 …… 45

熄灭心中妒火,别因为他人的吹嘘而陷入圈套之中 …… 47

人言固然可畏,也别让外界的流言蜚语影响心情 …… 49

第4章 循序渐进,在不知不觉中就影响对方 …… 53

互补定律:性格互补更合得来 …… 55

登门槛效应:先从点滴开始,由小变大 …… 57

借助权威,让对方相信你 …… 59

布朗定律:每个人都有一把心锁 …… 62

将心比心,更容易感染对方 …… 64

邻里效应:积极的事物是能相互感染的 …… 65

第5章 以情动人,情感到位易于办成事 …… 69

自己人效应:谁都愿意信赖“自己人” …… 71

多点关切,就多一份情谊 …… 73

雪中送炭比锦上添花更打动人 …… 75

成人之美令对方对你感激不尽 …… 77

牢骚效应:让对方发泄出心中的不快 …… 80

自我暴露定律:用真情实感换来对方的支持 …… 82

第 6 章 心理暗示,激发内心潜能成就自我 …… 87

巴纳姆效应:学会剖析和全面地认识自己 …… 89

皮格马利翁效应:期望与成就总是成正比 …… 91

韦奇定理:放点“烟幕弹”来影响你的对手 …… 94

坚信定律:信念让梦想变成现实 …… 96

心理暗示让你占据主动 …… 98

故布疑阵,扰乱对手的视线 …… 100

第 7 章 深入分析,了解对手弱点更易沟通 …… 103

投射效应助你洞察他人内心 …… 105

对逆反心强的人善用反弹琵琶之术 …… 107

爱慕虚荣者,要给足他面子 …… 109

布里丹毛驴效应:给犹豫不决的人来一剂猛药 …… 111

贪得无厌的人,满足他爱占便宜的心理 …… 114

面对疑心重重的人,多给予其安全感 …… 116

第 8 章 进退自如,多个“心眼”就多条路 …… 119

运用过度理由效应能助你实现心中所想 …… 121

踢猫效应:保持清醒,克制自我 …… 123

以退为进,在对方心理放松时占据上风 …… 126

蓝斯登原则:凡事进退有度才留有退路 …… 128

交往适度定律:施恩也该有度 …… 130

蔡戈尼效应:有了开始才会有结果 …………………………… 133

第 9 章 激活头脑,凡事都能出奇制胜 …………………………… 137

手表定律:要胜利,首先要明确目标 …………………………… 139

奥卡姆剃刀定律:简单比繁复更易获得轻松 …………………………… 141

霍布森选择效应:别固守原有的选择 …………………………… 144

人际吸引增减原则:让好感逐步递增 …………………………… 146

反木桶原理:用优势来赢得成功 …………………………… 149

草船借箭,他人的攻势来临时迅速转化为自己的力量 ………… 151

第 10 章 柔中有刚,打好"太极术"以小搏大 …………………………… 155

托利得定理:学会包容和接纳不同的思想 …………………………… 157

南风效应:温和比严厉更暖人心 …………………………… 159

狄伦多定律:面子有了,矛盾就没了 …………………………… 162

阿伦森效应:曲径通幽,不直来直去更能得势 …………………………… 164

改宗效应:硬气一点,绝不做"老好人" …………………………… 166

第 11 章 占据主动,小小心理策略让对方追随你 …………………………… 171

威严效应:保持威严,展现你的高大形象 …………………………… 173

贝勃定律:一件小事也能让你在对方心中分量倍增 ………………… 175

摆事实讲道理,话语有说服力更容易被人追随 ………………… 177

激将效应:刺激一下对方,让其按你的意愿行事 …………………………… 179

白璧微瑕效应:偶尔犯个小错让你更有魅力 …………………………… 182

第 12 章 隐蔽自己，不露声色更易达成目标 …… 185
不动声色，方能成就事业 …… 187
防止飞去来器效应，隐藏好你的目标 …… 189
禁果逆反心理："吊吊胃口"来刺激对方 …… 191
动机适度定律：掩藏动机最终才能达成所愿 …… 193
遮蔽效应：韬光养晦者更易有所成就 …… 195

第 13 章 立足高远，巧妙用心为己铺设前程 …… 199
互惠关系定律：有付出才有收获 …… 201
特里法则：愿意承担责任，才能担当大任 …… 203
路径依赖原理：让人们始终选择你 …… 205
朋友用时方恨少，在平时就多联系 …… 208
克服约拿情结，才有光明前程 …… 210

第 14 章 如何求人，让你轻松获得他人帮助 …… 213
互惠互利原则：主动向对方展示出你的"利用价值" …… 215
给对方一顶"高帽子"，出于面子他也会帮助你 …… 217
求人要明确，避免责任分散效应 …… 220
异性效应：向异性求助比同性更容易 …… 222
留面子效应：先提出一个对方难以答应的要求 …… 224

第 15 章 爱有滋味，爱恋中要学会用点心 …… 229
黑暗效应：爱恋中谁都需要安全感 …… 231
欲擒故纵，给对方一点余地 …… 233

杜绝婚后沉默症,婚姻是爱情的延续,而不是终结点 …… 236
罗密欧与朱丽叶效应:越是有压力,越是要在一起 …… 238
淬火效应:爱情也需要冷处理 …… 240

第 16 章 驰骋职场,善用心可助你前程似锦 …… 243
蘑菇定律:主动成长,适应环境 …… 245
被剥夺超级反应:别人得到了,就别争夺 …… 247
卢维斯定理:谦逊谨慎才能有大成就 …… 250
马蝇效应:为自己寻找一个能力相当的对手 …… 252
沸腾效应:质变的主要点在哪 …… 255
刺猬效应:职场人与人之间需要一定的距离 …… 256

第 17 章 谈判博弈,把握对方心理获得最大利益 …… 261
配套效应:用点心思让对方获得利益 …… 263
古德曼定理:适时沉默反而更易占据上风 …… 265
华盛顿合作规律:不必给予太多的参与建议 …… 267
跷跷板定律:让对方感到利益是均衡的 …… 269
非零和博弈:合作反而能实现共赢 …… 271

参考文献 …… 274

第1章

洞悉他人，懂心理助你成就大事

钥匙理论：以小取大，四两拨千斤

厚重的城门上挂着一把沉重的巨锁，锤子、铁棒和钢锯都想把它打开借以显示自己的神通。锤子使出浑身的力气从早砸到晚，只把锁砸出一道凹痕；铁棒撬来撬去只让锁变了形；钢锯使出了浑身解数，还是没把锁锯断。这时候，一把毫不起眼的钥匙走过来，“我来试试吧”，说着轻巧地钻进锁孔，门锁“咔嚓”一声应声而开。大家都很惊奇它是怎样做到的，钥匙只是轻柔答道“因为我最懂它的心”。

每个人对外界都充满警戒，就像心中有一把无形的大锁。只有懂得他们的心、理解他们的真实感受和需要，才能打开他们的心门、与他们顺畅地交流。懂一点儿心理学，在与人交往过程中恰当运用一些技巧，就能有四两拨千斤的效果；一味蛮干、真心直率地对待他人反而容易引起误会和反感。

人际关系不仅仅是单纯的朋友关系，其复杂程度不亚于战争。古人云“上兵伐谋”，意思是说上乘的兵法在于谋略。与人交往也一样，一味苦干实干、攻城略地倒不如懂得人心，善用谋略、巧用人心才能四两拨千斤，让自己的为人处世更加轻松自如。

古往今来，多少英雄都善于利用心理战术来打败敌人、收服人心、保全自己。诸葛亮在要塞失守后，利用司马懿的多疑，一曲琴音轻松退去几十万大军；曹操战胜袁绍之后，将暗中与之有书信往来的部下名单和信件付之一炬，轻松收服了无数谋士；古今一脉相承，抗日战争期间，春意盎然的四月天，我们的战士曾折下无数杏花趁暗夜悄悄放到日军身边，使他们想起远方

家乡的樱花、樱花下的家人，从而士气低迷、无心恋战。

可见，成就大事者无一不是深谙人心的。不仅仅在战场上是这样，在教学领域、营销领域、现代管理领域、谈判桌上甚至酒会宴请场合中，巧用人心都能够得到更多人的关注和尊重、能够更轻松地达到目的。

德国著名的阿尔迪超市是当今世界上零售业的商业巨头，它仅仅是从一家小杂货店起家的。母亲从兄弟俩小时候便做着一件小事，就是卖邮票和信封：邮票是不赚钱的，免费的胶水一瓶的成本需要卖出 500 个信封才能赚回。兄弟俩起初不明白为什么，母亲告诉他们："赚钱还要懂得'赚'人心。如果一个人只看钱，他就看不到义，看不到别人的需要，心里也就自然失去了对别人的理解和尊重，有谁愿意和一个损人利己、不尊重人、不理解人的人做生意、打交道呢？"

秉持着母亲的教诲，他们开起了第一家超市，在写什么标语的问题上，兄弟俩一致否决了"本店有摄像头监控""偷一罚十"等，而是尊重顾客的利益、尊严和感受，打出了这样的标语："本店有摄像头，请您保持微笑，请您愉快购物！"这样的经营理念使得兄弟俩的生意越做越大。

赚钱也要赚人心，做大事做到最后也是靠赢得人心。只看到最后的功利，再努力也只能"小有成就"，而那些最卓越的人往往最懂得人心、最懂得回报世人和赢得人心。给别人更多关心，关注别人的情绪和心理变化，才能够懂得人心，赢得更多友谊、认同和尊重，最终才能成就大事。嘘寒问暖、赞扬恭维只有恰到好处才能收到预想的效果，否则只能适得其反。懂一点儿心理学，懂得察言观色之术，才能巧用人心。

倾听他人谈话也是了解人心的关键，无论一个人的话有多少可信度，他的身体语言、神态是不会背叛他的真实想法的。学会仔细观察别人、认真倾听别人的谈话，不仅能够赢得他人的尊重和认同，也是了解一个人性格和心理的重要方法。掌握这种方法，就能够和所有人友好相处。

学会运用心理学就等于掌握了一把可以开启人心的钥匙，能准确把握他人的内心、知晓他人的需要，最终成就大业。

心理智慧：

1. 与陌生人初次交往时，能在第一次谈话时打动对方的“心”，交往才能顺利继续下去。

2. 记住他人的名字，并且很轻易地叫出来，是给别人一个巧妙而有效的赞美。

3. 如果你真心关心对方，那么直接表达自己的关心比其他方法会更有效果。

要成大事，就要有换位思考的心理前提

瑞士心理学家卡尔·瑞格曾说过：“事物本身如何并不重要，重要的是如何看待它们。”学会站在别人的角度看待问题，学会换位思考，才能做到彼此尊重和体谅，才能有更多宽容。这样说话、做事才能让人感觉舒服、愉悦，并直指人心。

受环境或者教育程度不同的影响，每个人的思考方式和行为习惯是不同的。人们很难真正理解他人的感受，但至少可以做到以一颗宽容的心去了解和关心他人。做事之前，设身处地为他人着想一番，做到“己所不欲，勿施于人”，多去理解他人的行为，将心比心自然就更容易受欢迎，也更容易成

就大事。

记得以前，公共场合到处贴着“禁止吸烟，违者罚款”“禁止踩踏草坪，违者罚款”等类的标语，可是这些现象却屡禁不止、毫无收敛。后来根据心理学研究，人们设计“为了您和家人的健康，请不要吸烟”“小草正在生长，请不要打扰”等柔和、让人易接受的标语。这就是用了换位思考的心理诡计——很少有人愿意为了别人改变自己的习惯，但每个人都愿意为了自己试试看。

日常生活中，我们不妨也试试这种方法，当一个人屡劝不听或者一件事屡禁不止的时候，不妨告诉他“某件事是为了你自己的权益着想”。设身处地为对方着想，才能够化干戈为玉帛，迅速消除矛盾和对抗情绪。冬天，大家在食堂吃饭，临窗的食客纷纷打开了窗户，但是排队打饭的人们却打起了寒战，双方怒目而视，谁都不肯让步。这时候，食堂的主管站出来劝道：“虽然吃饭时热一点儿，但如果打开窗户，冷风、热气一起灌到肚子里，肠胃会不舒服；再者刚刚出完汗，被冷风一吹很容易感冒的，大家都把窗户关上吧。”在这种为了自己好的劝导之下，大家纷纷关上了窗子，矛盾也很快消弭于无形。

汽车大王福特曾说过：“如果说成功有什么秘诀的话，那就是设身处地为他人着想，了解别人的态度和观点。这样不仅有利于彼此的沟通和理解，还可以更清楚了解对方的思维轨迹，从而有的放矢、击中要害。”

生活中，我们难免会遇到矛盾和冲突，这时候换一种角度、换一种思维，也许就会使误会与摩擦在转瞬间消融。当然，不仅仅是让自己站在他人的角度设身处地为他人着想，同样可以让对方站在我们的角度设身处地着想一番。当你们之间的矛盾无法解决，或者观点、认识无法统一时，不妨用平和的态度问问对方：“如果您是我，您会怎么做呢？”

一个创意广告进行了多次修改，仍然无法让客户满意，策划人带着疑问访问了客户:“如果您是策划人,觉得怎样才能让广告更令人满意呢?”客户果然提出了一套自己的想法,策划人根据他的想法另外做了一个方案,然后让他人判断哪个效果会好一些。结果,所有专业的广告人都认为策划的创意好,但所有的非专业人士都认为客户提出的方案更好。广告就是给大众看的,最终这一次的创意得到圆满解决。这个策划人还懂得了广告不仅要用专业眼光来看,而且要更注重大众感受,不久就因为其广告创意贴近大众心理而在广告界占据了一席之地。

可见,换位思考不仅仅能够促进人际关系的和谐,更能够开启成功之门,因为了解更多人的思考方式才能够有的放矢,了解更多想法才能够得到更多人认同的处世方式,自然会得到更多尊重,从而更加成功。

心理智慧:

1.当沟通无效的时候,不妨问对方:“假如您站在我的位置,您会怎样处理呢?”

2.当两个人对一件事有不同的见解和做法时,你不妨从对方的角度和利益出发说服他,这样要比直接说出自己的要求更容易被人接受。

制造心理共鸣,迅速拉近彼此的心理距离

有这样一句格言:“人的心和降落伞一样,必须是开的才有用。”想要获得他人的认同,首先必须使对方敞开心扉,才可能做零距离沟通。在心理学研究中,心理共鸣是指人在与自己一致的外在思想情感或其他刺激的影响下产生情状相同、内容一致、倾向同构的心理活动。

俗语说“酒逢知己千杯少，话不投机半句多”，如果话不投机，不能引起对方的情感共鸣，那么就难以消除彼此之间的对立情绪，也就不能取得对方的信任。对方和你有心理隔阂，自然不愿听你说话、不愿和你亲近，这也就失去了社交的意义。在日常的交往中，很难一开始就产生共鸣，往往必须先引发对方与你交谈的兴趣，让彼此更加了解，才能产生心理共鸣，进而赢得他人的亲近感。

《触龙说赵太后》是《战国策》中的名篇，文章讲述了左师公触龙说服赵太后同意以自己的小儿子作为人质的故事。秦国攻打赵国，赵国只好向齐国求救，齐国却提出一定要赵太后最宠爱的小儿子长安君作为人质的要求，赵太后大怒，“有复言令长安君为质者，老妇必唾其面”。

触龙见了太后并不直接谏言，只问些太后身体可好、吃得怎样、自己怎样运动保养等老年人关心的话题，引发太后交谈的兴趣，缓解气氛；然后又语气一转，提出为自己的小儿子谋差事，说出自己偏爱小儿子比女人还要厉害的事情，引起赵太后的心理共鸣；然后故意说赵太后偏爱自己的大女儿因为“为之计长远”，最后才提出如果长安君没有为国建立功勋就会在赵国站不住脚，让太后思虑之后终于同意了他的意见。

苏格拉底曾经说：“世间有一种成就可以使人很快完成伟业，并获得世人的认同，那就是讲话令人喜悦的能力。”这位触龙先生能够把位高权重的太后从愤怒说到颜色稍缓再说到心悦诚服，其讲话令人喜悦的功力可见一斑。

他将引起心理共鸣的方法分为三个阶段：

导入阶段，寻找感兴趣的共同话题，触龙面对怒气冲冲的赵太后首先避其锋芒，对“质子”问题只字不提，而选择了安全的饮食起居等太后感兴趣的话题来缓解紧张气氛，使得太后“色少解”。

转接阶段，谈话不仅仅是为了聊天，要达到最后的目的就一定要慢慢转入话题。这种转入方式一定要缓慢，为人所不觉，否则极易引起对方的反感，融洽的气氛就破坏了。触龙选择了大话家常，说“爱子”，为自己最小的孩子安排一个位置，既合情合理又引起了赵太后的情感共鸣，然后说起赵太后哺养长安君、持燕后踵哭泣、祭祀必祈祷的种种情形，无形中拉近了两个人之间的距离。

正题阶段，即为了达到最后的说服目的晓之以理。触龙晓之以理，循循善诱，讲出了爱孩子就要为孩子考虑长远一些，让孩子有立身之本，而不能仅仅依靠权势和父母的道理。再结合赵国历史因势利导，让太后明白对长安君的这种只顾眼前的溺爱等同于杀子，使太后陷入矛盾当中，最终同意了他的意见。

怎样巧获心理共鸣，迅速赢得他人的亲近感？首先，应创造良好的交谈氛围，寻找相互感兴趣的共同话题。林肯曾说过：“我展开并赢得一场议论的方式，是先找到一个共同的赞同点。”首先避开别人的忌讳，谈论两个人都感兴趣的话题，这样才能创造良好、融洽的谈话氛围，使谈话继续下去。

打开别人的心扉靠的是情感上的共鸣，因此应找出两个人情感上的一致性，拉近距离，比如多用“我们”等都可以引起对方的情感共鸣。

投其所好，从共同的情感或看法中慢慢说出自己的想法，让他人看到你们之间的一致和差异并最终赞同你。有争议才有赞同，一味的附和只能让话题渐渐变得无聊；提出有分歧的看法并讲出自己的理由，会让对方更乐意尊重和亲近你。

心理智慧：

1.要引发对方与你交谈的兴趣，打开对方的心扉。

2.不要太早暴露自己的意图，一定要慢慢地“请君入瓮”。

3.引起心理共鸣最重要的是情感上的共鸣，理想和家人是引发情感共鸣的最好话题。

非理性定律：感性语言攻破他人心理“堡垒”

人是感性的动物。无论多么理性的人，内心都有柔软处。任何先进的科学仪器都无法渗透情感的领域，再理性的人，当他判断一件事的时候，也会受他的好恶情绪和是非观念的影响。

当“以理服人”行不通的时候，“以情动人”也不失为一个好方法。从感情入手是攻取他人内心“堡垒”的一个好方法。心理学的奥妙在于“攻心”，“心”正是一个人最感性的地方。当你喜欢一个人的时候，他做的无论是多么微不足道的事情，你都能够找出其动人之处；当你对一个人冷漠或者讨厌的时候，无论他付出了多少，你都会无动于衷，甚至视若无睹。

每个人都是如此，会用自己的好恶去评判一切，即使非常理性的人也不能不受情感的影响。想要成功就要熟知人心，熟悉人的心理变化、情感好恶和直觉、幻觉、下意识、灵感等。人们常常凭着直觉去判断和做事，尤其在来不及仔细思索的情况下更容易如此，如果能够在关键时刻凭着情感去打动他人，将会比“以理服人”有更好的效果。

三分天下之后，曹操想确立太子，群臣都以为曹植和曹彰有更大的机会，因为曹植善文、素有谋略，曹彰擅长带兵，而曹丕则一无所长。杨修站在曹植的身后，常常教给他一些谋略甚至治国之道以应付曹操的考查；贾诩则站在曹丕的身后，教给他"愿将军放大肚量，做儒生应做的事，勤勤恳恳，兢兢业业，谨守人子的本分，如此而已"。

一次，曹操生病，借机考察二人的应对之策。曹植在杨修帮助之下，洋洋洒洒写了一篇治国之道；曹丕却在谋臣的建议之下，一言不发只是在病榻前痛哭流涕，表明自己对太子的位子并不在意，而只是为父亲的身体担心，并为父亲不在后国家靠谁来治理而痛哭。曹操一声叹息，想到曹丕对自己的孝心和政治远见，终于舍弃了才略更胜一筹的曹植，而立曹丕为太子。试想，如果曹丕不是"以情动人"，而是像曹植一样用自己的经略来吸引曹操的注意，姑且不论谁更有雄才伟略，只是就本身文采而言，他的机会是不大的。

与人交往中，我们常常会犯"强辩"的毛病，非要与人一争长短，想以自己的理由来说服别人，却常常被别人的理由打败。人既然是非理性的动物，那么，从感情入手攻入别人的内心"堡垒"似乎更加容易。

和对方建立良好的关系，让他对你产生好感，那么无论是求对方做事还是说服对方，就有了一份面子；做事能够引起对方的感动，就多了一份胜算；能够化解对方的对立和敌意，就能够让对方平静下来，更理智地处理事情。

年轻的李小姐开着一家小的公关公司，她希望张老板能够把公司的公关任务交给自己，但多次说服都没有效果，因为张老板不放心这家不起眼的小公司。李小姐花费了无数心思终于了解到张老板的生日就在不久后的某一天，于是提前向他预约那天来谈事情，结果张老板一到就看到处处摆满了花篮和气球，桌上摆着蛋糕和香槟，自己的太太和公司的高级员工都被邀请来参加生日宴会。因为忙碌忘记自己生日的张老板立即被感动了，竖起拇指对李小姐说“没想到小丫头还真有一套”，于是放心地把公司的公关业务都交给李小姐打理。

当原则、理论、利益、法律这一切理性的东西都失效的时候，不妨从感情入手来打动对方，这样能够让对方感动或愉悦，那么你的胜算就大了不止一筹。很多事情通过他们本人做不到，但往往能够通过他们的家人、朋友达到目的，这也是利用了人的非理性因素。

无论什么人，只要对你产生了好感，那么即使他在这一次拒绝你，也会在下一次补偿你。他人的好恶或多或少决定你的社交、成功之路是否顺利，所以一定要让更多人对你产生好感、愿意帮助你，这样你才可能有更大的成就。

心理智慧：

1.不要试图与人争辩，有些时候是非对错没有他人的好感来得重要。

2.“以理服人”行不通的时候，学会从对方或者他身边的人入手，“以情动人”更能够打动人心。

焦点效应：把主角位置让给对方，自己更得胜算

心理学研究发现，人们总是把自己看作一切的中心，并直觉地高估别人对自己的关注程度，这种心理学现象就叫做“焦点效应”。在聚会或者工作

中，每个人都会非常在意周围人对自己的关注程度，在意自己给别人留下的印象。

在一组含有自己的照片中，你是否总是会直觉地第一个寻找自己，然后对自己在照片上的表现关注时间最长？如果在聚会上不小心打了一个趔趄，你是否会迅速站好，并转过头环顾周围人有没有注意到自己？你是不是为自己不小心把饮料洒了一身而懊恼很久？如果在聚会上你做了一个非常精彩的即兴发言，会不会很久以后还记得这一幕，并能清楚地复述出自己的观点，而其他人的表现几乎给忘光了？

这一切就是焦点效应的表现，心理学家基洛维奇做了这样一个实验：他让某个学生穿上一件名牌T恤，然后进入教室，让他估计有多少人注意到他。穿T恤的学生估计有一半的人会注意到他的新T恤，但实际上，真正注意到这一点的同学只有23%。我们总认为别人对自己会更加注意，事实上并非如此，人们往往会不自觉地放大别人对自己的关注程度，并高估自己的突出程度。这是人类的普遍心理，也是心理学中公认的事实——人都是以自我为中心的。

针对人们的这种心理——每个人都希望成为人们关注的焦点，不妨让别人当好主角，让自己得到更多胜算，这也是一种社交手段。在第一次见到某人的时候，不妨细细观察对方的言行举止，或者打探一些关于他的状况，再谈起这些就会让人感到格外亲切。把对方当成焦点才能降低他的戒心，打开他的心防。

每个人都不愿浪费时间去听别人的事，对陌生人更是如此。如果你不懂得如何交际，或者需要谈论对方不容易接受的问题，那么不要直接进入正题，而是要首先引导他人谈论自己。当别人谈兴正浓的时候，对于你提出的要求，他会更容易买账，因为你已经将他当成了焦点，让他受到了重视，对于你的要求对方势必会留一点儿余地的。

焦点效应的表现还在于每个人都把自己当成世界的中心，你心中的担心和恐惧只不过是焦点效应的一种反应，事实上并没有你想象中的那么多人在注意你的一举一动，明白这一点对克服“社交恐惧”非常重要。

芳芳是一个职场新人，总是谨小慎微，即使在与同事的小聚中也表现得非常紧张、拘谨，不懂得如何与人相处。发生一点儿小意外，她也会自责好久；有时候甚至会为自己应该穿什么、为同事准备怎样的礼物而苦恼好久。后来，有经验的大姐告诉她：“你根本不必如此焦虑，除了你自己，并没有那么多人注意你。我生日时谁送了礼物，谁没有送，谁送了什么连我自己都不清楚。”

芳芳回想一下，的确如此，自己也不清楚别人的具体表现到底如何，平时同事们送的礼物除非非常特殊，否则自己也记不清楚。明白这一点后，她大方多了，即使表现有差错也不那么在意了。

很多时候，自己对自己的过分关注会使人联想到别人也会如此关注自己，这样就会引发“社交恐惧”。如果这样就试着不要太把自己当成一回事，将目光转移到他人身上，会让自己更受欢迎、更坦然。

心理智慧：

1.多谈论别人，把别人当做焦点和主角，会让他人感觉受重视，从而更容易达到自己的目的。

2.不要过分关注自我，把目光适当转移到他人身上，就能够克服“社交恐惧”，从而能够使自己的交往变得更加轻松自如。

示弱效应：巧妙利用对方的“同情”心理

示弱效应也就是所谓的“扮猪吃老虎”，人们往往同情弱者，吃软不吃硬，尤其是要强的人更是这样。人们总是标榜自己的强大来赢得别人的尊重，但“逞强”并不一定都有效，有时候示弱比逞强能够得到更大的生存和发展空间，这就是所谓的“示弱效应”。

人们都有同情甚至扶助、喜爱弱小的心理，这是人之常情。试想，在大街上遛狗的人们是喜欢小“博美犬”的人多呢，还是喜欢“犬中狮虎”藏獒的人多呢？无疑，绝大多数的人都会怜爱弱小，所以对人“示弱”也并不一定是件坏事。

古人是非常懂得“示弱”艺术的。在那种“伴君如伴虎”的时代，一个不小心就会丢掉性命，但文人的傲骨又使他们绝对不可能向谁真正低头，只好在“示弱”艺术上加以研究。南唐时，冯延巳有“风乍起，吹皱一池春水”的绝美诗句，被人们争相传颂。皇帝不爽了，以开玩笑的语气问诗人：“吹皱一池春水，干卿何事？”这纯属找茬，冯延巳只好回道：“未若陛下‘红雨梦回鸡塞远，小楼吹彻玉笙寒’。”意思是不如您诗中的这两句好，大概还隐含着“小楼吹彻玉笙寒，关卿的事”的意思，皇帝只好认输，但也输得很有面子，就顺台阶下了。

可想而知，如果冯延巳直接回答“关我什么事”，就算再周密严谨也难免触怒君王，而正是这个艺术性的“示弱”引起皇帝的好感，放过了诗人。通常比自己弱小的人更能够得到人们的怜惜，因为造不成威胁所以更容易获得帮助，而如果显示自己的“强大”，难免让人意识到迟早会威胁到自己的地位，而遭到打压。

“示弱效应”正是运用了这种心理。人们常常忌讳自己的缺陷，千方百计扬长避短，打造“强大”的形象，但是强势并不一定能够让别人做出退步。如果在此时，暴露出自己的一个“小弱点”，给人的印象无疑要比“强大”更有亲和力，让人们更乐于接受。

美国总统们非常善于利用这一点来博得民众的好感。美国总统林肯在竞选中被对手抨击为“两面派”“带着两副面具”。林肯总统对着民众们，无奈而自嘲地说：“如果我有两副面具，我还会甘愿带着这一副吗？”他曾经在多种场合自嘲“又穷又丑”，对自己的相貌表示不满，而这次“一语双关”的示弱、自嘲再次获得了民众的好感。

现实生活中，更多的人愿意“吃软”，因此，温言软语的央求、谦虚的请教往往比强势更容易得到认同。人们对于有勇气承认自己弱点的人，大概都存有一种“佩服的心理”，也许敢于承认“弱点和错误”本身就是一种英勇吧！谁无缺点？这时候的“示弱”更能够获得人们的理解，更能获得生存和发展的空间。

“示弱”并不都表现在嘴上，当你取得了巨大的胜利，对于一些小利益就应该做出适当的退让。比如，面对表扬时，要感谢曾经帮助你的人；当获得不少奖金时，不妨请请客；自己取得了胜利，不妨在与对手的利益分割方面做出一些退让，不要在蝇头小利上跟处于劣势的人争夺。

但是，“示弱”并不是真正的“弱小”“懦弱”或“软弱可欺”，退让也不是无限度的，更不可能毫无强硬之气。当对方不“吃软”反而“欺软”的时候，你就要显示出自己坚持原则的强势一面，免受欺负。关键时刻要让对方明白，虽然自己有弱点，但绝对不是可以任人拿捏的，“退让”只是自己的策略而不是无能，这对于某些“欺软怕硬”的人更有效。

心理智慧：

1.做人不要太嚣张，应谦虚谨慎。

2.告诉对方你并不像他看到的那样强大，你也有软弱、紧张的时候。

3.当对方感觉到你的威胁的时候，把自己在成功中的效用降低。

4.在利益方面，只要达到目的，小利就要做出一定退让。

5.不要为了争一口气而酿成祸患。

第2章

讲究策略，让别人对你产生良好印象

相悦定律：让你喜欢的人同时也欣赏你

哲学家威廉姆斯曾经说过："人性中最强烈的欲望便是希望得到他人的敬慕。"可见，想要得到别人的喜欢首先就要敬慕和喜欢别人。当你满足了别人的交往需要，也就满足了自己的需要，这就是相悦定律。

相悦定律在心理学上的定义是指人与人在感情上的融洽和相互喜欢，这种喜欢是相互的、互动的。如果一个人的喜欢不能够引起另一个人的热情回应，很快这份喜欢就会变冷，原本的好感也会消失。这就像一个人和对方打招呼，久呼不应，哪个人会继续呼唤呢？

所以，喜欢就会被喜欢，讨厌就会被讨厌，欢迎就会被欢迎，尊重就会被尊重，人类的情感都是相互的。人们常常说"士为知己者死，女为悦己者容"，人人都会被自己喜欢的人感动，为喜欢自己的人做事。

相悦定律在人际交往中发挥着重要作用，人们总是喜欢那些可以给自己带来快乐的人。如果在交往中能够给别人送去欢乐，就会有一种力量促使对方主动接近你、了解你、信任你，继而和你成为朋友；而如果你的言行无论是有意还是无意地给对方带来反感或者尴尬，就会促使对方讨厌你。

西方有一个"抱抱团活动"，即人们走上街头拥抱每一个行色匆匆的人，用自己的爱心和拥抱去化解人们之间的冷漠，让更多人享受快乐和温暖。向世界推行这个活动的是美国人贾森·亨特。亨特在母亲的葬礼上知道母亲用温暖和爱帮助了很多人，而他当时也需要他人的温暖来缓解丧

母的悲痛。因此，亨特做了个写着“真情拥抱”的纸牌走上家乡的大街。从那一天起，“FREE HUGS”这个关于爱和分享的运动开始在全美国蔓延。

情绪是可以传染的，每个人都可以从对方释放的善意和喜欢中得到喜爱和尊重的信息，然后再传播给对方；而且他们之间的善意还会带给周围的人以愉悦和热情，就像闲聊中的两个人的愉快心情和笑声会引起第三者的好奇和愉悦一样。常常遇到这样的状况，开始只是两个人聊得非常投机，后来发现第三者加入进来，然后渐渐地形成一个中心，一群人听着其中的一个高谈阔论，最后每个人都度过一个美好的下午。

可见，相悦定律并不仅仅适用于两个人，在群体之间同样适用。很多营销领域的佼佼者都把“相悦定律”运用到自己的工作之中，首先用心去感受顾客的需要，了解顾客的兴趣爱好，喜欢的谈话方式和感兴趣的话题等，通过这些拉近彼此的心理距离，顺利让客户喜欢上自己，继而对自己推销的产品感兴趣。

真正将注意力放在对方身上，你就能找到他喜欢的、双方都感到舒服的相处方式。比如，表示出对对方的欣赏、略带讨好地恭维、谈论对方感兴趣的话题、提供对方需要的东西等方式都能够引起对方的认同和喜欢，达到人际吸引的目的。但是，愉悦对方的同时也不要忘记愉悦自己，因为只有你同时也感到愉悦才能促使自己增加和对方的交流。如果一味讨好和奉承别人反而会受到别人的轻视，你自己也会因为感到无聊而疏远对方。

但是，一个人绝不能仅仅受“相悦定律”的驱使，否则就会被阿谀奉承者包围。尝试与自己不喜欢的人交往，这样才能保持理性；听得到批评、听得到不同声音才能成长。但是一定要杜绝和那种“反对每个人”的人交往，因为这种人往往用反对来引起别人的好奇和兴趣，实质上和“阿谀奉承的小人”是一类人，并不是真正拥有分辨能力的人，跟这种人密切交往只能让你也变成一个“反对每个人，也被每个人反对”的人。

心理智慧：

1.用友善的态度对待他人，不要轻易批评任何人。

2.增加对他人的欣赏和赞扬，努力做到喜欢他人。

3.在交往中一定要保持理性，不要掉进相悦定律的深渊。

4.可以利用两个人的相悦定律带动更多人喜欢自己。

首因效应：首次见面就给对方留下好印象

首因效应通俗地说就是第一印象对人产生的影响。心理学研究发现，与人初次见面，45秒钟内就能产生第一印象，而且这种印象往往先入为主，对一个人在他人心目中的地位能产生较强的影响且极不容易改变。这就是为什么好多人提到一个名字首先会想起一个模糊的印象。这个印象掺杂着对对方的好恶，很可能与现实不符，但除非长时间持续接触，否则你根本无力改变它。

心理学家曾就此现象做过一个实验：把若干人分为甲乙两组，让他们看同一张照片，然后对甲组表明他是一个罪犯，对乙组则表明这是一位德高望重的科学家。让被试者根据照片上人的外貌特征来分析他的性格。结果，同样深陷的眼睛、深沉的目光被甲组评为藏着险恶用心，被乙组评为思维深邃；同样高耸的额头被甲组分析为死不悔改的决心，被乙组分析为“上下而求索”的坚定意志。

可见，人们深受心理定势的影响，如果人们第一印象对此人有好感，在以后的了解中也会挖掘对方的美好品质；如果第一印象就厌恶对方，则会在继续的交往中验证其恶劣的品格。哪些外部特征影响第一印象的产生呢？

心理学家认为，第一印象主要受一个人的性别、年龄、体态、衣着、姿势、谈吐、面部表情等“外部特征”影响，还会受个人资料和权威人物的评价影响。比如，在面试中，不论他们学业如何，名牌大学的毕业生会比普通大学的毕业生更受重视、更有竞争力。

首因效应还是一种优先效应。在快节奏的现代社会中，人们没有时间去了解与自己接触的每个人，自然更不会浪费时间去了解一个留给他厌恶印象的人。每个人在第一次进入某个场合时，都应该保证自己的形象鲜明立体，给人留下完整、清晰、美好的第一印象。这就要求人们借助高品位的着装、得体的妆容、优雅的举止、风趣的谈吐、怡然自得的微笑等手段来给别人留下美好的第一印象。

在面试、初入公司、宴会等初次交往的场合，更应该将自己最鲜活光彩的一面呈现给陌生的朋友。在着装上更是不可马虎，因为在开口之前，服装就是你的形象符号，通过它可以看出你的性格、品位等。服饰一定要得体，除了非常正式的场合没有必要过于庄重，否则反而显得见识浅薄。

在某著名学府或大公司学习、工作过的经历，某权威人士的好评或推荐等都可以为你的第一印象加分。当然，对于研究生或者著名学府的学生，人们会把更多注意力放在其真才实学上，除外部印象外，还会给予其更多的审视和考验。

因为一桩意外，王浩进入面试办公室的时候，本来其貌不扬的形象变得更加邋遢，但无奈在别人面前整理形象更是不礼貌、不雅的，他只好硬着头皮走进了办公室。主考官看到他这个形象本想直接淘汰，但考虑他著名大学毕业的背景，决定再观察一会儿，只见他镇静自若地拉开椅子坐下，然后用真诚而歉意的语气说“我太冒失了，但请容我自我介绍一下”。看到他毫不扭捏又自信的神态，主考官决定给他机会，然后问了他几个专业性比较强的问题，王浩回答得头头是道，这时候主考官已经对他产生了好感并问：“我能问问你为什么搞得这么狼狈吗？”王浩坦然解释了意外的经过。经过一番谈论，主考官看到了他非凡的镇静和应变能力，主动留下了他。

每个人都希望给人留下美好的第一印象，但意外时刻都可能发生，衣服可能因为不小心碰撞而洒上水、饰物可能不小心破裂、鞋子会蒙上灰尘你还不自知，这时候就要依靠优雅的举止和镇静自若的神态来赢得别人的好感，那么这时候意外就会变成你的“优势”。

心理智慧：

1.得体的服饰、优雅的举止会给人留下美好的第一印象。

2.发生意外一定要镇静，镇静而机智的解决方式可以让人忽略形象的损失。

3.首次进入社交场合，最好能够得到主人的介绍。不能仅凭第一印象妄加判断，以避免第一印象带来错觉，误交奸人。应秉持“路遥知马力，日久见人心”的原则，理智交友，不要仅凭第一面的喜恶来决定，以免错过很多朋友。

近因效应：如何消除他人对你的不良印象

近因效应是心理学上的一个概念，即在人际交往的过程中，对他人最近、最新的认识往往占据主体地位；与首次见面时间间隔越长，近因效应就会越明显。

想一想，你对远去的朋友最深刻的印象是不是他摆手离开的那一刻？分手的男女朋友，记忆是不是停留在最后一次的争吵？即使好得跟一个人似的“闺蜜”是不是也会因为近一次的争吵而冷漠生疏，甚至怨恨对方？德高望重的大师是不是因为一次流言诋毁而使得人们议论纷纷？

这表明如果最近的表现不好，以前的努力也会被大大稀释。一次战败会让自己以往的功绩全部灰飞烟灭；一次犯错也会让自己所有的努力付之流水；一次争吵可能把友谊变成仇恨。

与人交往中，如果不能够给人留下鲜明深刻的第一印象，那么不妨利用近因效应，跟对方多多接触，让对方一点一滴感受你的诚意和美好，这样也能够扭转他人对你的不良印象。这种扭转过程是非常漫长的，需要慢慢渗入，在跟对方达到一定熟悉程度之前，最好不要放弃，更不要惹恼对方，否则极可能失去一个朋友，使原本的努力也化为泡影。

心理学研究还表明，在人与人交往的初期，首因效应的作用更明显，但彼此熟悉以后，近因效应的作用逐渐显现出来。和陌生人交往，最好能够给对方留下良好的第一印象，起码不要引起他人的厌恶，否则别人很可能把你列为拒绝来往户，更多的纠缠只能让你显得更讨厌。

如果对方对你印象很差，不妨让自己在对方的目光中消失一段时间，然后以崭新的姿态出现，这样更容易得到对方好感。如果对方不是那么厌恶你，只是印象不太好，就可以尝试慢慢和他交往，时间长了，就会让他逐渐忘记不良的第一印象。

对他人最新、最近的认识往往会占据主体地位，人们对你的认识也是逐渐改变的，只要有足够的时间，你的优点和缺陷会一一呈现在对方眼中，但最好不要和他人发生冲突，否则损失的永远是你自己，和老朋友之间更是如此。当自己情绪不定或者与他人发生矛盾时，最好不要陷入争吵，一定要等到心平气和时，再处理人际间的纷争或者难处理的事情。

古往今来，很多名人都特别会利用近因效应。曾国藩镇压太平天国时曾经一直处于劣势，吃了不少败仗。然而他在给朝廷上报的奏折中技巧性地写道“湘军屡败屡战”，生生将一个败军之将扭转为英勇作战、百折不挠的英雄。他并没有撒谎，只是利用一点儿小技巧，让可能到来的震怒变成了对他“忠心可嘉”的表彰。

生活中也是这样，一段话的中心部分往往被人忘记，而最后的结尾部分却更容易让人记忆深刻。所以，如果想要批评一个人，不妨在后面加上对他所做努力的肯定，这样就可以消除批评带来的负面情绪，缓解两个人的对立关系。比如，在一段严厉的批评后面加上一句“不要难过，错误只是偶尔的，你还是非常有希望的”，就可以鼓励对方、消除隔阂。

当然，近因效应虽然决定了最清晰、最深刻的印象，但这并不一定是最正确的，所以我们没有必要为了某一次的误会或矛盾而否定对方的所有努力，一定要在心平气和的状态下做出决定。

心理智慧：

1.不要轻易和他人产生矛盾，否则多年的友谊也会毁于一旦。

2.如果留给别人不好的第一印象，不要放弃，慢慢和他熟悉起来，近因效应就会渐渐起作用，最终扭转别人对你的印象。

3.严厉的批评之后一定要有安慰或者赞扬之语。

4.当有一个好消息和一个坏消息要同时公布的时候，最好先公布坏消息。

费斯诺定理:耐心倾听建立彼此信任

希腊哲人大多讨厌饶舌之徒,而喜欢谦虚倾听的人,喀隆曾说过这样一句话:“不要让你的舌头超过你的思想。”英国航空公司总裁费斯诺提出了费斯诺定理:人有两只耳朵却只有一张嘴,这意味着人应该多听少讲。倾听是沟通的基础,别人乐意向你倾诉,说明他信任你。乐意倾听才能了解他人,保证畅通的沟通。

倾听是成功交往的最优策略,是打开他人心灵之门的钥匙。成功交谈的秘密在哪里呢?著名学者查理·艾略特说:“一点儿秘密也没有……专心致志地听人讲话是最重要的,什么也比不上注意听更能表达对谈话人的恭维了。”在交往的过程中,你会发现每个人都希望可以兴致勃勃地讲出自己的旅游经历、感兴趣的运动、某次成功的历程,越是平凡的人越是愿意表达或者吹嘘。这是因为每个人都希望得到别人的尊重和重视,而人们都认为“说”就是实现这一目标的手段。其实不然,既然每个人都有倾诉的欲望,那么,“听”才是实现人际交往的最好手段。

卡耐基说:“对和你谈话的那个人来说,他的需要和他自己的事情永远比你的重要得多。在他的生活中,他要是牙痛,要比发生天灾导致数百万人伤亡的事情还要重大;他对自己头上小疮的在意,要比对一起大地震的关注还要多。”愿意倾听别人的谈话,善于倾听别人的意见,是对他人的一种重视,同时还能够赢得他人的尊重。每个人都需要别人的认同和尊重,好的倾听态度是对别人的一种认可,是一种让人最舒服的恭维方式,每个人都会喜欢专心致志听自己说话的人。

职场新人小李是个不太善于言辞的人。他给大家的印象是沉默寡言，但往往一语中的，很受大家的尊敬。一次聚会中，他被引荐给了热情的女主人，他不善于应付这种场面，只得庸俗地先赞美女主人的美丽，这时这位风情万种的女主人下意识地摸了一下耳朵，小李立刻注意到原来她的蓝宝石耳坠非常特别，立刻说“尤其是这对耳坠，非常特别，不是在国内买的吧”。这马上引起了女主人的谈兴，原来这对耳坠是女主人留学时购买的，继而谈起了她留学时的趣事。小李一边倾听，一边询问几个能够引起对方谈兴的话题，果然赢得了女主人的好感。

可见，虚心倾听对方的讲话可以获得对方好感，并提高对方讲话的兴致。一个人愿意向你倾诉，表明他对你有一定程度的信任。同时，如果一个人愿意听你诉说，你常常很难拒绝他的要求。倾听是沟通的基础，能够将别人的话听到心里且为对方保守秘密的人，别人会给予你最大的信任和尊重。同时，倾听不同的意见还有益于自身的改进。人们常常说“兼听则明，偏听则暗”就是要求人们应该听取各方面意见，不要偏听偏信，更不要固执己见。

倾听还是了解一个人的重要途径。了解了对方的心思、兴趣爱好、原则观念才能够在谈话中投其所好，不触碰对方的禁忌，更快打开他的内心。一个人的语言和内心往往是相互映射的，通过他的谈话往往能够窥见他的内心，更容易和一个人发生精神层面的交流，这样产生的友情必然不会是泛泛之交，双方都能够从交往中得到更多益处。

倾听也是要讲求艺术的，心不在焉地听和似是而非地敷衍，只会让对方认为你心机重重或者另有所图。很多时候，人们并不要求你给出一个解决方案或者能对事情有多大帮助，只是希望把心里话倾诉出去，减轻内心的负

担而已。

心理智慧：

1.倾听一定要真诚，如果一边想着晚上回家做什么饭，一边听别人的谈话，是达不到应有的效果的。

2.要一边倾听一边思考，很多时候，谈话都是有言外之意的，尤其在一些重要的交际场合。

3.一味倾听往往会被人认为态度敷衍，应该对对方的话题有一定的回应，比如重复对方的一句话，或者用更简明的语言把对方的话解释出来，这都更能引起“惺惺相惜”之感。

名片效应：迅速拉近距离，获得好感

交往中，如果首先表明自己与对方的态度和价值观相同，就会使对方感到“惺惺相惜”，能够很快缩短与你的心理距离，从而更快结成良好的人际关系。这就是所谓的“名片效应”，即把自己的态度和观点有意识、有目的地亮给对方，就像亮名片一样。

心理学研究表明，人们更愿意接受和自己有“相似性”的人，不妨想一想，你更愿意结交一个年龄、性格、兴趣、观点都和你相似的人还是更愿意接受一个在各个方面都不同的陌生人？人们都在别人的身上寻找自己的影子，如果价值观或者理想、志向一致且能够相互理解，往往被人们称为“知音”。

遥想当年，琴师俞伯牙在荒山野岭中弹琴，樵夫钟子期无意中听到，将之领悟成“巍巍乎志在高山”“洋洋乎志在流水”，被俞伯牙引为知音，说出了“子之心与吾同”的语句，意思是你的心思、志向和我的相同。钟子期死后，俞伯牙在他的坟前弹琴一曲，并将琴摔碎，发誓终身不再抚琴，“唯一的知音已经不在了，琴还弹给谁听呢?”观念相同且能够互相理解有如此重要的意义和明显效果，何愁打不开对方的心扉呢?

每个人都想得到一个“知心人”，想要对方接受自己的观点。与其这样，倒不如先让对方相信，你们的观点态度、价值观本来就是一致的，这样就可以尽快促进你们之间人际关系的建立，让对方迅速将你引为知音，然后你再向对方阐明自己的态度。

当然，“名片效应”实际应用起来要复杂得多，不仅仅是要表明你的观点、立场。应用的第一步首先是要了解对方，捕捉对方的真实信息，把握他们的真实态度，寻找积极的、自己可以接受的观念，这就是在寻找彼此之间的相似性，并把这种相似性打造成一种有效的“名片”。

其次，寻找时机向对方传播一些对方能够接受的或者他们所熟悉的观点和思想，即你已经打造好的“名片”。

最后，当他们接受了和自己一致的观点后，再悄悄渗入你自己的观点和思想。让他们认为这只是他们自己观念的一种延伸而已。人是最不愿自相矛盾的，既然认可了自己的观念，如果不接受与之相似的观念，似乎说不过去，那么你的目的自然就达成了。

美国的很多政客都善于利用“名片效应”来迎合选民的心理需求。林肯发表竞选演说时说道:“有人写信问我有多少财产。我有一个妻子和三个儿子，都是无价之宝。此外，我还租了一间办公室，室内有桌子一张、椅子三把，墙角有大书架一个。架上的书每一本都值得细读。我本人既穷又瘦，脸很长，我实在没有什么可依靠的，唯一可以依靠的就是你们。”这些演说拉近

了彼此间的心理距离，赢得了中下层选民的好感，无疑要比那些炫耀奢华的举动更容易引起民众的认同。

无独有偶，里根同样善于利用这一点，他在向一群意大利血统的美国人讲话时，说道："每当我想到意大利人的家庭时，我总是想起温暖的厨房以及更为温暖的爱。"然后讲了一个关于温暖和爱的笑话："我和兄弟姐妹们都有了自己的房间，可怜的妈妈还在和爸爸住同一个房间。"这个笑话拉近了与选民之间的距离，有效推销了自己的形象。

虽然我们并不需要拉拢谁，但是获得别人的认同、与别人建立良好关系同样重要。掌握"心理名片"的应用艺术，对于拉近和他人的心理距离、促进人际交往来说具有很重要的实用价值。

心理智慧：

1.捕捉对方的信息，找出积极的、你可以接受的、与对方相同的价值观，形成有效的名片。

2.向对方传播他们认可的观念，并悄悄渗入自己的观念和思想，恰到好处地向对方展示出与他们想象相符合的形象。

3.和对方谈论他们喜欢的话题时，最好与对方有一个共同喜欢的人物，比如"我也喜欢罗纳尔多，看他的技术多娴熟，仿佛天生与足球黏在一起"等。

多看效应："脸熟"才更易被接受

心理学研究表明，人们对越熟悉的东西会越喜欢，对陌生的东西会始终充满防备。尽管熟悉的不一定就可靠，陌生的不一定就讨人厌，但大概是因为人的自我保护机制在起作用，大家还是喜欢待在熟悉的环境、和熟悉的人交往、吃口味熟悉的饭菜。

心理学家查荣茨曾做过这样一个实验：他向被试验者出示一些人物照片，有的照片出现几次，有的照片出现十几、二十几次，然后询问人们更喜欢哪张照片。结果发现，实验对象看到哪张照片的次数越多，往往越喜欢那张照片。实验证明：他们看的次数增加了他们喜欢的程度。

日常生活中，我们也常常会发现这样一些现象：原本长相平庸甚至有些丑陋的人，在多次见到之后，逐渐觉得他顺眼了；貌不出众的女人在相处之后，显现出不容忽视的魅力；最喜欢吃的依然是吃惯了的食物；最离不开的享乐不是自己原本以为的刺激，而是自己熟悉的东西；亲戚之间如果缺少走动也会变得生疏。

可见，在人际交往中如果能够制造双方接触的机会，提升彼此间的熟悉程度，就能够对对方产生更强的吸引力，但并不是一味长时间地纠缠就能够达到人际吸引的目的。假如接触的时间相同，见面的次数多、接触频繁会给人留下更深刻的印象。尽管短时间的相处不容易更深入了解对方，但是对于浅层的人际交往是非常有益的。

在人际交往的初期或者对于并非朋友的人际关系，不妨利用“多看效应”，增加见面的次数和接触机会，就能够让双方逐渐熟悉起来，从而更轻易地交往。在商业交往中，很多人都非常善用“多看效应”，往往利用一起打球、吃饭、举办酒会等浅接触的机会增加见面次数和熟悉程度。当然，如果因为对方非常忙碌，没有时间与你长时间谈论，也不妨频繁而短暂地出现在对方视野里，进行短暂交流，从而加深他对你的印象。如果对方有需要，自然会第一时间想起你。

“死缠烂打”往往是很多推销员的常用招数，其实这是错误运用了“多看效应”。“多看”的次数是有限制的，滥用“多看”可能会使对方产生厌烦感。再者，也不能看到对方略有一点儿时间就占据，要恰到好处地“出现”，才能充分体现出“多看”的效果。

善于创造接触的机会才能提高彼此的熟悉度，一味纠缠只能让人感觉厌烦。乔是公司的技术人员，他有一个大胆的设想需要高层管理者的支持，于是决定直接和总经理搭上线。他开始有目的地搜索总经理的行程，吃饭、搭电梯、运动、娱乐的时间都被他掌握了，于是他开始有意无意地出现在总经理身边。两人正好乘坐同一架电梯、正好在相邻的跑步机上相遇、在去会议室的路上正好打个招呼、正巧在同一所图书馆查阅同一种资料，这种“偶遇”终于引起了总经理的注意和询问，于是乔将自己的计划和盘托出，争取到了对方的支持。

可以说，如果不是双方先有了数次接触，那么乔直接把自己的方案呈给这位总经理时，八成要被驳回；正因为熟悉带来的好感，使得对方愿意信任和重视他的方案，这就是“多看效应”的功效。

想要在人际关系上有所发展，就要放弃那种自我封闭的思想观念，增加和交往对象的接触次数。只要留给对方的第一印象还不错，就要积极创造接触机会，发展关系。即使只是和对方打个招呼、露露脸、寒暄一番也能够在细节的来来往往中，让对方感到你的亲近，还能够提高自己的人际吸引力。而如果能够经常地与身边的人聊聊天、拉拉家常、请请客、在适当的场合给别人赠送一些小礼物，则会使你的人缘更好，人脉更广。

心理智慧：

1.增加自己在某个人面前曝光的机会，能够让对方对你产生好感，越熟悉越喜欢。

2.熟悉和喜欢的程度取决于见面次数而不是见面时间，尤其对于非常忙碌的成功人士来说，增加与之接触机会会令对方对你有更多好感。

3.想要在某个领域有所发展，就要在那个领域多露面，别人不一定见过你，但只要听说过你也可以产生“多看效应”。

第3章

懂得提防，警惕他人设的“陷阱”

钓鱼效应:你的好奇心只会让你掉进罗网之中

假如某样东西能满足一个人最强烈的内心需求,那么,即使那是陷阱,他也很容易进入这个圈套。正像钓鱼一样,把鱼饵放到鱼的面前,鱼就会去吃,因为这是它最喜欢吃的东西。如果鱼真的吃了就会上当受骗,走上死亡之路,因此,人们形象化地称这种现象为"钓鱼效应"。

生活中,很多人都会不自觉地运用钓鱼效应,比如孩子没有食欲时,煮他最爱吃的食物,用气味引诱其食欲;故意遮遮掩掩地进行某项举动,只不过是为了引起大家的注意;说话仅说一半,引起别人的猜测和兴致;送别人他最喜欢的小礼物,以达到自己的目的;运用别人的好奇心推广更好的产品和想法等,这些都是钓鱼效应的积极运用,但是钓鱼效应也有它的负面影响。

人们常说"好奇心害死猫",拥有九条命的猫尚且会被无止境的好奇心害死,何况是人呢?巧巧前几天去市场闲逛,看到某个摊位前有很多人围观,于是挤进去看到底售卖的是什么。摊主介绍说是藏红花果,有补血补气、美容养颜的作用,但非常贵,得100元钱一斤。巧巧感觉很新鲜,于是买了一些回家,但吃的时候感觉太甜,味道不太像滋补品,于是上网查阅相关资料,结果查到"藏红花是一种药材,但根本不结果,那些所谓的'藏红花果'是不知道用什么做成的果脯"。这根本就是一场骗局,利用的就是人们的好

奇心理。

这样的迷局其实每天都能碰上几个,我们只有有所戒备,警惕他人设下的“局”,才可能从中脱身。好奇心人皆有之,稍微有一点儿常识或者观察一下周围人的反应,就可以明白过来。在上面事例中,凡有常识的人都知道“藏红花是一种药材”,只有药店才会有售,那么,假如有“藏红花果”的话,怎么可能在市场上大肆销售?况且药材都是论两的,怎可能按斤算价?什么滋补品居然有大批人围观?为什么有人围观却无人购买?只要稍作分析就能明白。

“忽悠”毕竟是经不起分析的,那些越是新鲜、刺激的物品和项目,或者有无数人为之吹嘘,或者有人巧言令色,面对此种情形,我们就应该警惕,避免吃亏上当。

还有些人利用别人强烈希望得到的心理需求来设局:即使你并不饿,也会因为眼前摆着美食而嘴馋;就算你有再多华服美饰,也会因眼前华美的钻石而眼花;即使你并不缺钱,也会因为桌上摆着大量现金而心中发痒;即使你有一辆车,也会因为一部好车而心动。把那些引起你“心痒”的东西放在你的眼前,就会刺激起你强烈的欲望,然而“天下没有免费的午餐”,想得到这些必须付出代价,这就是使人上当的伎俩。

很多贪污腐败正是因为别人有心的“钓鱼”而最终落网。每个人都有贪心,在拿之前不妨想一想,你是否支付得起贪心的代价。那些所谓的“礼物”是真正的礼品还是钓饵。

心理智慧:

1.冷静思考。钓鱼效应运用的无非是人们的好奇心理和需求心理。要引起人们的好奇心,或者会选择新颖的、奇趣的、异样的特殊刺激物;或者说话只说一半;或者行为留下一个悬念、包袱,但只要细心思考、冷静判断,很容易就能够破除对方的迷局。

2.当你发现自己的需求被激发起来时，应留心一下，自己在对方向你展示“鱼饵”之前有没有那么强烈的需要。不必要的需求是人们上当的第一步，想一想你为自己眼前的需求要付出的代价，想一想“天下没有免费的午餐”，被刺激起来的需求就能够得到收敛。

3.“钓鱼者”所下的诱饵必定是你最喜欢的、为你量身定做的。当你发现“正想睡觉时，送来了枕头”，就应该警惕，是不是因为“枕头”引起了你的“睡意”。“恰巧”很可能来自“有心”，不得不防。

简单联想会让你的思维陷入误区

简单联想是人类心理条件反射的一种表现方式，即反射行为是由简单的联想引发的。举个例子：你去超市选择一款电动剃须刀时，你是以什么为标准的呢？有人说是价格和质量。价格显而易见，但对于产品质量的判断，你是依据什么来的呢？大概有以下几个答案：品牌、价格、经验等。这些都是简单联想引发的，假如有几款同类产品同时出售的话，人们大概会下意识地认为价格最高的那种质量最好。

销售商们都明白这个道理，所以他们常常会把商品的价格提得很高，或者做出大量的宣传。当然质量也会做出提高，毕竟还有人是依据经验来判断物品的。提高价格的策略对奢侈品而言尤其重要和有效，因为真正拥有奢侈品购买能力的顾客是不会在乎一点点差价的，并可以借此来展现他们良好的品位和购买力，显示自己更高的地位。

购物时，我们更应该根据自己以往的经验，而不要单纯去相信品牌或者

价格，因为价格并不一定与价值一致，也不一定和质量相关。寻找适合自己生活的物品，才能保证不落入商家的圈套。

对我们来说，单纯联想不是一种好现象，因为你常常会因为这种原因而落入各种陷阱。比如，偶尔的一次上当受骗或者失败会引起恐惧和多疑等情绪，让你产生心理障碍，从而不敢多加尝试，错过无数机会。而对以前成功的简单联想，则可能使你陷入盲目乐观的境地。

无论对于成功还是失败，我们都应该保持一定的清醒，仔细分析偶然性在事件中的比率。很多人都热衷赌博，其实赌博这种东西很少有赢的可能，这是每个人都懂得的道理，可是很多人还是热衷于此。为什么呢？无非是在赌博的初期你可能赢过几次，于是这种虚无缥缈的联想致使你愿意冒险。当然也不排除初次去赌场的客人会被“设下陷阱”，先使其痛快地赢几次、相信自己运气好，然后再把他口袋里的钱败光。

其实，每个人都明白“十赌九输”，那么为什么还有那么多人去买彩票？这是由最大奖这种简单联想引起的。

很多人都陷入过简单联想的误区，比如一定要购买最贵的物品，而不是考虑它是否适合自己、自己能否承担。销售员在介绍产品时，常用的台词是“这款是卖得最好的，这是今年的最新款”等能够引起人们“时髦”“品味”等联想的词语。

怎样走出简单联想的误区呢？要知道这个陷阱不是他人布下的，而是你自己的大脑和心理的盲区，通常都是你自愿跳下去的。所以，最重要的是要理智清醒，不要夸大直觉的作用，更要注意行为中的危险因素，时刻保持理智才能避免落入简单联想的陷阱。

心理智慧：

1.应该时刻警惕，不要让简单联想左右自己，尽量不要使自己出现认知上的错误，而要根据以往的经验和客观的分析来做出理智的决定。

2.在决策一件事情时，不仅仅依赖过去的成功经验，还要分析这次将遇到的风险和环境与过去是否相同，成功的把握有几分，然后根据事实来做出判断。

走出从众心理带来的盲从

法国科学家法布尔曾经做过这样一个实验：他把很多松毛虫放在一只花盆的边缘，让它们首尾相接成一圈，然后在不远处撒了一些松毛虫喜欢吃的松叶，于是松毛虫开始一个跟着一个绕着花盆一圈又一圈地走。直到七天七夜后，松毛虫在饥饿和劳累中尽数死去。这就是自然界中的“从众效应”——后面的永远跟随前面的，不会脱离队伍。

从众心理是大多数人普遍的心理现象，是指个人常常会受到外界群体的影响，而不能保持独立性，使自己的知觉、判断、认识都为了符合公众舆论而出现扭曲。很少人能够不“被从众”，但不顾是非曲直地一概服从多数、随大流走是不可取的。

有学者曾经进行过从众心理的测试，结果表明，人群中只有25%~30%的人能够保持其独立性，大多数的人都会“随大流”。现实中也不乏这样的场面，就算一个人面对一个空无一字的布告栏发愣，也会引发不少人的随从，然后引来更多人的猜测和围观，外围的人群甚至会因为人们的围观而挤进去看得津津有味，虽然不知道看些什么。这如果只是极端现象的话，那么你有没有遇到过以下情况？

当销售员介绍“这款上衣是走得最快的，都上过两次货了”时，你会马上掏钱包买上一件；即使是一件很不重要的小事，也会因为网友的“炒作”而变得非常轰动；利用广告先将自己的商品“炒热”然后再上市；媒体常常大肆“渲染”某种情绪或者某个事件，以至于众人“盲从”、群情激愤。这种不加思考、随大流跟着众人走的盲从现象，就已经是不健康的心态了。

产生从众心理的因素有很多，一方面在群体中，如果有人标新立异、与众不同，就很容易遭到众人的孤立；另一方面，人们会因为与别人的意见、态度不同而对自己产生怀疑，或者没有安全感。从众心理源于群体对自己的无形压力，或者一种追求安全的心态。但是跟随众人就一定“安全”吗？并不如此，起码死亡的松毛虫告诉我们，盲从导致的很可能是集体的毁灭。

再者，“真理往往掌握在少数人手里”，这些少数人如果能够坚持下去，往往最终成为“真理预言者”，成为众人的“权威”。用自己的理智去判断，用心去思考，坚持自己的意见往往有着非凡的意义，尤其对于“成大业者”来说更是如此，首先要忍受孤独和内心的煎熬才可能最终获得认同。

盲从往往导致失败或者陷入陷阱。物理学家富尔顿就曾经因为“盲从”失去了争取荣誉的可能。富尔顿曾经在研究工作中测量出固体氦的热传导度，测出的结果比传统理论计算出的数据高出500多倍。这个差距实在太大了，富尔顿不敢公布出去，他怕会被人视为故意标新立异、哗众取宠。但不久之后，另一位年轻科学家也在实验中测出了固体氦的热传导度，结果同福尔顿测出的完全一样。这位年轻科学家公布结果后，很快在科学界引起广泛关注。富尔顿后悔莫及，如果不是因为自己的“恐惧”和“盲从”，绝不会失去本应属于自己的荣誉。

心理智慧：

1.要学会克服消极的从众心理，最重要的是要学会独立思考。

2.无论是不是众人的意见和态度都不要盲目跟从，也不要盲目反对，不要把自己固定在某个立场上，而是要遵从事实和真理，遵从自己的原则，独立思考。

3.要学会忍受孤独和侧目，很多人拥有自己的想法，但因为不愿标新立异、不愿被孤立而选择“盲从”，这种盲从最容易导致失败。

晕轮效应：有些片面的优点很有迷惑性

晕轮效应是指人们对他人的认知首先是根据个人的好恶得出的，然后再从这个判断推断出此人的其他品质，但这是一种夸大的社会印象，往往以偏概全，使人们认识失真。因为对这个人的评价是由最初印象决定的，而并非是对方的真实品质或者总体品质，往往会导致人们识人不清。

大文学家雨果的名著《海上劳工》正是讲述了这样一个故事：主人公吉利·亚特因为深居简出被人们称作“魔怪吉利·亚特”，而被误认为“巫师”一般神秘而邪恶的人物；而邪恶的克吕班师傅则利用提醒船主他的合作者是个诈骗犯、归还很久以前欠的一笔小钱等小事，来证明自己是一个正直而值得尊重的人。人们往往通过别人一般的善行或自己的好恶而认识他人，勒蒂埃利船主也犯了这个错误，他将自己的船交给了克吕班，邪恶的克吕班则故意把船撞在了礁石上，拿着诈骗犯的钱企图逃之夭夭，幸而危船被吉利·亚特救了回来，才解救了船主的财产。

现实生活中也有不少这样的例子：本以为是与自己亲密无间的好姐妹，却把自己的隐私到处宣传；看似亲切、随和的前辈却陷害自己；本以为是非常诚恳、正直的一个人，能力居然如此差劲。这就是“晕轮效应”所产生的误差。

因为对对方的印象这种东西是根据对方的某种特定品质得来的，所以常常以偏概全，很容易出现偏差。心怀不轨的人也很容易利用这种“晕轮效应”迷惑你，从而设置陷阱。

艾丽是刚刚进入职场的新员工，同事红带她熟悉环境并适当教给她一些工作和人际交往的窍门，告诉她整间办公室谁可交、谁需要提防。艾丽对她非常感激，认为红非常亲切、诚恳。红同时利用艾丽犯错时跟上司讲情的方式赢得了艾丽的好感，但这仅仅是一个陷阱而已，不久艾丽就发现自己的创意被红窃取了，愤怒之下她和红闹翻。后来艾丽才知道，原来她是个“惯犯”，几乎所有的新员工都被她窃取过劳动果实。

其实，假装的就是假装的，不可能毫无破绽，比如，对方在办公室中的人际关系是否和谐；他对自己是否刻意接近；他赢得自己好感的方式会不会让人觉得虚伪，这些蛛丝马迹都能够指向他性格上的缺点，只不过有些人被表象蒙蔽了双眼，才会出现识人不清的错误。

“晕轮效应”还会导致另一种结果，就是对别人片面的认识并不一定是他人的刻意伪装，而只是从你自己的好恶来感知他人，仅仅抓住事物的个别特征而对其全部特征下的结论。这常常会导致一个人被别人片面的优势或者一时的好恶所左右、迷惑，从而做出错误的判断。

《韩非子·说难》中有这样一个故事，卫灵公开始非常宠信弄臣弥子瑕。

弥子瑕的母亲病了，弥子瑕得知后立刻偷了卫灵公的车子回家看望母亲，卫灵公却夸奖他孝顺父母；弥子瑕和国君一起游园，摘了个桃子，感觉非常甜，就把咬过的桃子分给了卫灵公，卫灵公赞他有爱君之心。但后来弥子瑕不受宠了，卫灵公则把这两件事拿出来，说他有"欺君之罪"，偷乘国君车辆应将脚砍掉；把吃过的东西献给国君是对国君的不敬。明明相同的一件事，却因为个人的好恶做出不同的处置，这就是"晕轮效应"导致的结果。

心理学研究表明，一个人对他人的偏见常常会得到"自动"证实，比如，如果你对他人怀疑，就会觉得对方总是鬼鬼祟祟或者正在进行某种阴谋；而对方往往能够感知你这种情绪，并开始戒备和疏远你，对方的这种情绪又加深了你那"这个人不可靠"的印象。这种恶性的循环势必使你的偏见越来越深。

心理智慧：

1.当你一直看不惯某个人的时候，不妨理智地检讨一下自己的心态，不要在怀有成见的基础上审视他人的行为。

2.与人交往的初期，最好不要对别人轻易下结论，这是避免迷惑于"晕轮效应"最有效的手段。否则，对方以后的所有行为都将证明你所下的"片面结论"，使你失去朋友或者落入陷阱。

熄灭心中妒火，别因为他人的吹嘘而陷入圈套之中

沃伦·巴菲特曾经不止一次说过："驱动这个世界的不是贪婪而是嫉妒。"嫉妒一词在字典中的意义是"人们为竞争一定的权益，对相应的幸运者

或潜在的幸运者怀有的一种冷漠、贬低、排斥甚至是敌视的心理状态。"

这种情绪常常给人带来各种压力、心理挫折感和怨恨，最终使人失去理智，失去朋友，而最终也会令他本人尝到最后的苦果。嫉妒往往会伴随着自卑、伤心、不安、焦虑、恐惧等负面情绪，使人非常痛苦，折磨人的心志，同时人的报复心理又决定了他一定会采取措施对该人进行人身伤害或者财物破坏、言辞伤害等。嫉妒是人的普遍心理，虽然这种心理是危险的，后果非常严重，但我们也不得不承认，这是不可避免的。

日常生活中，我们常常看到这种现象，人们常常对同等职位但工资较高的人不服气，并处处流言中伤或者猜测其中隐情；两个极要好的朋友，一个突然间有了一笔小钱或者有了某种荣誉，另一个就会离他越来越远，甚至陷害他；两个人互为竞争对手而且能力不相上下的话，其中一个（通常是能力差一点儿的）会拼命找另一个人的麻烦，这就是嫉妒引发的恶果。

嫉妒内潜着对他人幸福的破坏倾向，并对自己所谓的不幸深感无奈，所以嫉妒的人既是可怕的也是可怜的。要避免嫉妒，就要尽量不被他人的吹嘘之言所击倒。自信的人往往深信虽然对方比自己处境优越，但自己必定有对方不能及的地方，所以对于他人的优势和吹嘘只不过一笑置之，并不会因此造成多大伤害。

要提防的反而是那些故意吹嘘或显示自己的优势、企图引人嫉妒的人，他们善用人性中的阴暗面，利用自己的飞扬跋扈或者吹嘘显示自己的优势引起他人的羡慕嫉妒，使人出现心理失衡。

秦桧当宰相的时候，皇后召他的夫人去皇宫赴宴。皇宫中自然不少珍馐佳肴，尤其有一道清蒸淮河青鱼非常味美而珍贵，即使贵族也很少吃到。于是，皇后问秦夫人："你吃过这种鱼吗？"秦夫人不明就里，炫耀道："我常常吃这种鱼，比这条还要更大。"皇后的脸色很不好看。回家后，秦夫人对丈夫讲了自己的所作所为，秦桧一听脸色就变了，又生气又担心："你怎么这么不懂事？"于是，只好派人找来十几条相似的饵鱼送去，饵鱼虽然个头很大，但却是非常普通、低贱的鱼。皇后见了才哈哈大笑，说道："我说他怎么可能有这么多青鱼，原来是他老婆把鱼搞混了。"

炫耀或者吹嘘常常引起他人的嫉妒，无论对于被嫉妒的人还是嫉妒他人的人都会引起不必要的麻烦，所以做人要低调内敛，不可轻易吹嘘炫耀，以免引起他人的心理不平衡和嫉妒报复。面对他人的吹嘘炫耀则要冷静，不可轻易起嫉妒之心，即使有也要及时克制，将嫉妒的危险性降低。

心理智慧：

1.他人所抢的不一定是你最需要的，你也有自己的优势，比如诸葛虽然谋略上更胜一筹，但在带兵打仗方面绝对不会强过周瑜。

2.嫉妒心理是每个人都有的，但做事必须有自己的原则和底线，这就不会做出令自己后悔的事情来。

3.无论对方怎样优越，不可因为别人而让自己心中焦虑、忧愤、压力过大。

人言固然可畏，也别让外界的流言蜚语影响心情

鲁迅曾经说过："在我一生中，给我大的损害并非书贾，并非兵匪，更不是旗帜鲜明的小人，乃是所谓'流言'。""流言"的意思是广为流传但毫无根据或来源的说法。但这种毫无根据的流言往往却给人带来最大的伤害，尤其是对那些极为重视他人评价、注重名誉的人更是如此。

鲁迅一生,在生活、学术、政治各方面都受过流言的攻击。在家庭生活中,鲁迅本来和兄弟住在一起,但不久后弟弟周作人突然决绝地写信给他"不要再到后面院子来"。郁达夫曾在著作中说道:"周作人的那位日本夫人,甚至谣言鲁迅对她有失敬之处。"令鲁迅百口莫辩,兄弟失和。在文学领域,曾有流言说他的《中国小说史略》是"整大本的剽窃",是根据日本人盐谷温的《支那文学概论讲话》里面的'小说'一部分而写,直到10年后,鲁迅的这本书在日本出版,才击散了流言。在政治上,更有诸多人污蔑他"是政府和民族的罪人",给反动派杀害他的借口。

虽然鲁迅反复申明自己不会因此生气或者懊恼,但流言的阴影笼罩了他的一生。他的母亲在鲁迅逝世后说道:"大先生所以死得这么早,都是因为太劳苦,又好生气。他骂人虽然骂得很厉害,但是都是人家去惹他的。他在未写骂人的文章以前,自己已气得死去活来,所以实在是气极了才骂人的。"可见流言对人的危害实在是致命的。

心理学中,人们常常不看流言的真伪,而只重视其产生及传播的条件及过程,这就是流言传播中的心理效应。美国心理学家奥尔波特等人常用下面的公式来表示流言的强度:流言强度=事件的重要性×事件的不明确性。

也就是说,流言对于人们的生活越重要,其信息越不明确,越容易引起人们的揣测和传播。这就是我们听到的绘声绘色的流言常常是有关于自己身边的人的原因。流言的可畏不在于陌生人怎样看待自己,而在于自己身边的人——自己的亲人、朋友、同事、上司怎样看待自己。流言常常给人造成一种精神上的压力,不仅仅是有恶意的人带给自己的压力,也不排除亲人对自己的误解或担忧带给自己的压力和恐惧。

流言一向是职场中的"软刀子",很多人往往一不小心就会被它击中。小杜因为工作勤奋、业绩突出,年纪轻轻就升任了部门经理。这难免让那些资深的下属感到不服，也让同事感到嫉妒。一次请客户吃饭，副总因为她是女孩子就帮她挡了两杯酒，这就被有心人演绎成了一段“绯闻”。

同事们开始以异样的眼光来看待她，谣言纷传她是因为副总的原因才升职。她希望“谣言止于智者”，让它自然平息，但最终没有效果，结果流言反而传到了自己姐姐、母亲和总经理的耳朵里。亲人为她担忧，总经理开始怀疑副总偏袒她，无奈之下，她只好以“辞职”来证明自己的清白，但是经营多年的人际关系、付出许多心血的事业最终“逝去”，其中多少辛酸！

一生受尽无数流言攻击的鲁迅曾经在文章中指出：“谣言这东西，是造谣者本来所希望的事实，所以可以借此来看看一部分人的思想和行为。”所以，流言虽然可畏，但并不是没有破解之法，只要明白流言的成因，不要轻易受它影响，别人就很难击倒你。鲁迅坚持自己应对流言的原则是：一是鄙视，不理不睬；二是适时反击，揭穿谣言。大多数人也希望“流言止于智者”。

和流言作战的确艰苦卓绝，但只要自己不被压力压垮，他人是无法将你压垮的。对于流言，最好不要听之任之，尤其是“职场流言”。对于乐于散布流言的那些人，最好的方式就是让他处在流言当中，经受一回，他就收敛了。

曾经有一位同事，她平时言行谨慎，却还是被“绯闻”了，身边的好姐妹问她怎么回事，她趁机向好姐妹道：“那天我进办公室，看到某某与主任有点不对劲儿，没敢言语，谁知道她先倒打一耙，让我开不了口。”

不久后，人们发现，平时乐于散布流言的王姐这回也被“绯闻”了，她气急败坏，开始找那位同事“算账”，但同事不承认，平时谨言慎行的人哪会传播流言，大家都不相信她，最终她只好自食恶果，收敛了很多。

心理智慧:

1.“以流止流”虽然有效,但未免过于恶毒;澄清流言耗时太久。

2.指望“流言止于智者”则太过无望,不如平时谨小慎微,少让别人抓到把柄。

3.当流言四起的时候,把自己的一切行为都变得更加明确;有了正确的途径,人们对于流言就没有那么热衷了。

第 4 章

循序渐进，在不知不觉中就影响对方

互补定律:性格互补更合得来

人们对自己缺乏的特质会有一种饥渴心理,如果交往的双方在气质、性格、能力、特长等方面存在差异且恰巧存在互补关系,则两个人不但相互吸引,而且最容易相处,这就是心理学上的“互补定律”。

人们不仅仅有获得认同的需要,也有获得自己所欠缺的东西的需要。如果能够用对方欠缺的特质来吸引和影响对方,不但对你们之间的友谊有很大帮助,还能够共同合作从而实现利益最大化。

一个人的性格往往有很多不同的侧面,因此,在跟不同的人交往时,不妨展现自己的不同侧面,这样更容易吸引他人的注意力。生活中,稳健、有序的人往往喜欢热情、外向的人;直率、大胆的人容易和害羞、内向的人结为好友;主观、强势的人往往喜欢别人柔顺、温和地追随;随和亲切者也许喜欢严肃、刚直的人。往往自己缺乏哪种特质,就特别希望在身边的人身上看见,这就是人性格中的弥补性。

心理学家认为,人具有渴求互补的心理,对自己缺乏的东西有一种饥渴心理,对自己拥有的东西反而不太重视。如果在交往中能够迎合对方的这种心理,就可以使对方受到最深刻的影响。与人交往时尤其要注意那些和自己性格互补的人,争取和他们有一个共同的前景或理想,这样你们就能够共同行动,取得最佳效果。同时还要注意那些价值需求互补的人,比如商人逐利、士人逐名、权者逐势,他们之间的合作就能够各取所得,而不会出现冲突。

鲍尔默是微软的最高管理者，比尔·盖茨原本自己经营微软公司，但是不久他就发现自己最喜欢和精通的还是技术层面的事，对于管理方面则有些力不从心，于是邀请昔日同窗——鲍尔默来帮自己管理公司，专门负责公司的运营。他们两个果然是非常好的搭档——鲍尔默对管理工作充满激情，盖茨对软件开发热情不减；鲍尔默追求掌控员工的权势感，盖茨享受有钱的安全感，当然他还聘请了资深的理财经理帮他理财，于是微软变成了一部疾速运转的赚钱机器。

最佳组合创造最高效率，但最佳组合并不一定是才能最高的人在一起。马云曾经说过这样一句话："当你有一个聪明人时，你会非常幸福，因为所有事都不用你操心；当你有一群聪明人时，你会非常痛苦，因为谁都不服谁。"所以，并不是最有才华的人组合在一起就一定能够产生最高的效率。才能要互补，性格最好也要互补，这样才能够最大限度地避免冲突。

个性是一个人与外界互动的方式。对他人最深刻的影响往往是你与对方互补的那一部分。潜意识中，你一定也在寻找和你性格互补的朋友，但前提是，他与你的价值观必须相同，彼此间的差异也恰好能够取长补短，使双方都能够获得一定程度的满足感，否则性情差异很大的两个人不但不能产生互补效应，甚至还会相互厌恶和排斥。

关系最好的两个人，他们往往都有大方向上的一致性，比如人生观、价值观、追求、原则等，如果这些不同，就很可能"道不同不相为谋"；而在小的细节上，比如兴趣、爱好等方面，要能够互为补充，否则相处起来就容易火花四溅或互相拖累。

人们之间的相似性和互补性都能够使人更有亲近感，这并不矛盾，因为互补不是不同或者针锋相对，而是人们对自己"影子性格"的一种相恋。心理学大师杨格认为，每个人都具有“显性”和“隐性”两种不同的人格，而与自己“互补”的那个人，他身上的品格就是自己的“隐性人格”。

比如，一个开朗活泼的人，其实有时候他的内心也是非常抑郁的，但是很难表现出来，如果遇到一个沉默寡言的人，就会羡慕他能够随意表现自己的“不合群”，这种羡慕就会表现为与对方非常合拍，所以性格互补的人相处起来往往更加容易。

心理智慧：

1.与人合作时，要找与自己需求和风格互补的人，这样能够达到更好的效益，而不会出现“内耗”。

2.与人交往中，可以表现自己性格的不同侧面来弥补对方的不足或吸引对方。

3.尊重对方的性格，互补的双方一定要尊重彼此的不同，才能更好相处。

登门槛效应：先从点滴开始，由小变大

心理学家认为，一个人一旦接受了一个微不足道的要求，为了避免认知上的不协调，他就有可能接受更大的要求，这就是所谓的“登门槛效应”或者“得寸进尺效应”。

美国心理学家曾对此做过一个实验：在一个居民区，先请求对方签署一份赞成安全行驶的请愿书，对于这个小小的要求，居民们都同意了。不久以后再向他们提出竖一块写有“小心驾驶”的大标语牌，结果超过50%的居民也同意了。而在第二个居民区，则直接提出希望竖标语牌的要求，但被大多

数人拒绝了，接受率只有17%。这就是“登门槛效应”对人的影响。

日常生活中，你是否也遇到过类似的事情：一位推销者在马路上拦住你，仅仅希望你浪费一分钟时间填一份问卷调查，不答应这样简单的要求实在太不通人情了，于是你答应了；然后对方说有礼品赠送，送给你一个精美的小卡片之类的东西，你接受了；最后对方向你推销他的产品，你不好意思拒绝就买了。逛街时，遇到“产品试用”，刚好是你心仪的某款手机或者相机，于是你跑上去尝鲜了一番；对方要求你填一份试用意见书，于是你填好了；然后对方问你是否满意，有没有购买意图，如果你带的钱不够，对方还表示可以刷卡，这样你大概会毫不犹豫地买下来。

你试图在他人心理上施加影响时，不妨从小事开始让对方慢慢接受你的意见，然后再逐渐施加影响，让他认同你，意识到你所说的、所做的都是正确的，从而按照你所说的去做。

心理学家查尔迪尼在替慈善机构募捐时，仅仅是附加了一句“哪怕一分钱也好”，就多募捐到一倍的钱物。他分析认为，对人们提出一个很简单的要求时，人们很难拒绝，否则怕别人认为自己不通人情。当人们接受了简单的要求后，再对他们提出较高的要求，人们为了保持认识上的统一和给外界留下前后一致的印象，心理上就倾向于接受这个要求。

一个人对周围人的影响是在生活中慢慢积累起来的。洪自诚曾在他的著作《菜根谭》中谈到：“攻人之恶勿太严，要思其堪受；教人之善勿太高，当使人可从。”考虑到对方的心理感受，从对方能够接受的小处开始，才能一步一步达到自己的目的，否则只能像拔苗助长一样，使人彻底拒绝你。

有这样一个故事：小和尚跟师傅学艺，但师父什么也不教他，只是给他一只小猪，让他放养。在庙前有一条河，每天早上小和尚都要把小猪抱过河，傍晚再抱回来。不久以后，小和尚就练就了卓越的轻功，原来随着小猪不断长大，小和尚负重走动的能力也越来越强，放下重物自然奔跑如飞，他这才明白了师傅的用意。

人们常常被沉重的任务所吓倒，这时候不妨将任务切割成一段一段，比如每天做15分钟的练习，看起来并不难，但是加起来所能达到的高度就已经很高了，这也是登门槛效应的应用。当任务来临时，不要被自己的想象所吓倒，先完成最简单、最初的一步，然后进行任务分割，你就能逐渐登上人生的顶峰。

与人交往的过程中，也不要试图让别人对你一下子佩服得五体投地，这是不现实的。慢慢地接近对方，让对方接受你，在逐渐接近和交往的过程中，给他一些小建议，如果对方接受了，那么接下来他很容易就能够接受你的思想，逐渐和你志同道合。

心理智慧：

1.想要别人做到一件较难办到的事，要先提出一个较容易办到的请求，对方同意后再提出难办的事，对方更容易接受。

2.当一件事情太困难，你觉得无处着手的时候，把它分割成几项较小的容易达到的目标，一件件去做，事情就会变得简单。

3.人们对他人的意见很难接受，所以要从对方能够接受的小建议开始，这样才能轻易影响他人。

借助权威，让对方相信你

权威效应是指一个人的地位越高、威信越大，他所说的话就越容易引起

人们的重视和认同，也就是所谓的"人微言轻，人贵言重"。

美国心理学家曾做过这样一个实验：在向大学生讲课时，向学生介绍说聘请到的这位是举世闻名的化学家，然后这位化学家表示自己发现了一种新的物质，这种物质有强烈的刺激性气味但对人体无害。他要求闻到气味的同学举手，不少同学都举起了手，但事实上那只不过是蒸馏水。这就是权威产生的效应，能够让人深信不疑，甚至能够无中生有、颠倒黑白。如果一个人善用权威效应，就会在人群中有更大的影响力。

日常生活中有很多这样的现象，比如，如果一个炒股者告诉你某只股票要涨，大概你会一笑置之，而如果某位股评专家或者著名企业家对外声明某只股票要看涨，你大概会立刻跑出去排队买这只股票；同事建议你一个更快的处理事务的方法，你会嗤之以鼻，而上司建议的即使是同一种方法，你却会马上应用起来；妻子说了一段话，你不以为然，改天一翻原来是名言，你立刻对这段话奉若神明……相信每个人都会遇到类似的事情，如果能够善用这种"权威效应"，对方对你的话就会深信不疑。

原因大概是人们都有"安全心理"，权威人物在某个领域的判断常常都有一定的准确性，听从他们的建议会增加自己判断的保险系数，让自己更有安全感。再者，人们常常认为权威人物是被众人所认可和赞许的，他们的行为往往和社会规范一致，按照他们的要求去执行往往会得到更多人的赞许，这就是权威效应的心理基础。

因此，想要善用权威效应也要从这两个方面入手，首先是锻炼自己的判断力，一旦自己说出的话几经验证，就可能对周围的人产生权威效应；其次要端正自己的行为模式，使其符合社会规范，让更多人认同和赞许你，这样你的建议就会逐渐被重视；再者，还可以取得权威人士的认同，这样你的话也就有了一定的说服力。

南北朝时，刘勰写出了《文心雕龙》，但无人认同。他请当时的大文学家沈约评阅，当时沈约可谓文学界的权威，但沈约并不重视这本书，不得已刘勰只好装作卖书人将作品卖给了沈约。沈约阅读后评价极高，于是《文心雕龙》成为了文学评论的名著，刘勰也成为文学评论的权威人物。

实际生活中“拉大旗作虎皮”的人不胜枚举，一位推销员就利用总统的评价来推销书籍，把一本书说成“一本总统看了评价好的书”“一本总统评价坏的书”“一本总统无法给出评价的书”等，这也是利用了总统的权威效应；而那些反驳著名学者或者要求和著名学者共同著书立说的人无疑也在利用“权威效应”，且通常这些手段都是非常有效的。

日常生活和工作中，也不妨适当使用一下“权威效应”，可以让人对你的话深信不疑，比如在辩论说理时引用权威人士的话作为论据，举著名人士的例子作为对自己行动的解释或佐证，暗示你的行为是上级的指示等。

但是权威效应绝不能滥用，否则就会削弱你自己的威信。如果为了暂时让别人服气，就将自己的话谎称为某名人的观念或者用权威人士的名望来压人，那么不仅达不到目的，还会引起他人的反感。

心理智慧：

1.适当借用名人名言来推行自己的观念。

2.利用权威效应暗示你的行动是有依据的，引导或改变周围人的态度和行为。

3.设法取得权威人士的认同或者与权威人士合作，都能够让你逐渐变成“权威”。

4.推广某种产品或观念时，不妨首先向权威人士推荐，只要他们接受了，民众就很容易接受。

布朗定律:每个人都有一把心锁

美国职业培训专家史蒂文·布朗曾提出:一旦找到打开某人心锁的钥匙,就能够用它反复打开他的心锁,而找到那把心锁则是良好沟通的开始。知道别人最在意什么,别人的意愿才能在你的把握之中。

日常交往中常常会发现,当你希望和对方实现有效沟通的时候,忽然发现对方由于某种原因陷入了一个"作茧自缚"的桎梏里,与任何人都格格不入了。这时候你会发现,他情绪非常不好,一直若有所思或陷入迷茫;他显得有点儿怪僻,对任何试图与他交流的人都嗤之以鼻。他陷入社交障碍当中,起码暂时是这样的,如果在这时你能够恰当地给对方以心灵引导,你就能够成为他的"知音",对他的感情和信念产生巨大影响。

《庄子》中曾记载这样一个故事:齐桓公到湿地去打猎,忽然见鬼,他问为他驾车的管仲看到什么没有,管仲说没有看到,回来以后齐桓公就病了,昏昏沉沉,足不出户。医生们忙忙碌碌也找不出原因,百般开导也不见好。这时,皇子告敖来看他,一见面就说:"您这是自己找来的病啊,鬼如何能伤害您呢? 您这是郁结之气不能发导致的疾病。"齐桓公问他是否有鬼,告敖回答说:"当然有啊,无论是水中、灶中、墙下、大山里、原野上、湿地中都有鬼。"

齐桓公于是问他湿地中的鬼叫什么名字,长什么样。告敖说道:"湿地中的鬼叫委蛇,身大如轮,身长如辕,紫衣红冠,捧头而立,见到它的人能够成就霸业。"不久,齐桓公的病就好了,数年后成就了一番霸业。告敖因为击中了齐桓公心中"思霸成疾"的意愿才治好了他的病。

每个人都可能出现沟通的暂时性障碍，或者感到迷茫困惑，或者遇到某种挫折和不公平待遇，这些都会使其产生不愿沟通的状况。找到对方不愿沟通的原因才能让他开口。虽然不同的沟通障碍可能有不同的原因，但都脱不开“水平不流，人贫不语”的根源。当他在某个方面感觉自己“贫乏”了，自然就不愿沟通。

有些人可能因为钱挣得太少、理想得不到实现而郁郁寡欢；有的则可能遭遇友情、亲情、爱情的挫折而不愿开口；有些对自己的现状不满而感到愤懑，这些都是产生沟通障碍的原因。具体原因则要根据个人情况具体分析，这样才可能找到“心病”的原因，实现无障碍沟通，赢得人们的尊重。

只有细心寻找，才能找到那把可以打开人心锁的钥匙。虔诚的修女特丽莎只身来到印度，希望能够拯救受难的人们，当她看到当地人因为贫穷而衣衫褴褛甚至没有鞋穿的时候，她决定自己也不穿鞋子，因为这样才能更贴近他们的内心。这位虔诚的修女得到了所有贫苦人的尊重。中东战争时，她来到战场上，作战的双方因为她的到来不约而同地停止了进攻，直到她把战区中的妇女儿童都救出去。她去世时，灵柩经过的地方没有人会站在楼上，每个人都不愿自己站得比她高，而此时，她的脚仍然是赤裸的。

在贫民区，“赤裸的脚”是每个人心中的锁，修女正是看到了这一点才打开了无数人的心锁。现实生活中，寻找那把特殊的钥匙也需要我们去细心地观察和体会。

心理智慧：

1.看到对方最重视什么，是物质上的享受，还是家庭生活的圆满，还是理想的实现。找到对方最重视的东西，然后根据他的言行举止去顺藤摸瓜，往往就能找到那把钥匙。

2.看他平日经常为什么而烦恼，是因为孩子还是因为“婆媳、夫妻关系”,是因为缺乏金钱还是因为缺乏理想。对方平时因为什么最烦恼,往往也是因为这个原因而拒绝沟通,这就是找到那把钥匙的技巧。掌握了这个技巧,就能对他的思想产生巨大影响,成为他最重要的朋友。

将心比心,更容易感染对方

“将心比心”意思是说拿自己的心去比照别人的心,指遇事设身处地替别人着想。这种“宽厚”的人生哲学倡导人们拿自己的心去衡量别人的心,反映了做事要替别人着想的人生哲学。

这种人生哲学可以使更多人愿意追随你的思想;这种善解人意的生活态度,可以影响身边更多的人。有人把“将心比心”与“换位思考”混为一谈,其实是完全不同的:换位思考讲究的是站在对方的立场和位置上看待事情,将心比心强调的是以自己的切身体验去感受对方的情绪变化;换位思考讲究的是为他人着想,将心比心更强调加深对他人的理解和宽容;换位思考强调的是“同理心”,将心比心强调的是宽容、体谅别人。

可以说“将心比心”更进一步,因为它更多强调的是人的情绪和内心而不是事件。将心比心的好处在于将自己的体验融进别人的感受。如果能够常常做到将心比心,就能够更容易地融入对方并逐渐影响对方。没有融入就不能产生影响,就像把一块石头放入水中不能让水产生任何变化一样;如果把一块冰放入水中,因为冰的融入水就会变凉。想要影响别人首先就要进入别人内心。

比如,幼儿园老师想要影响孩子们的思想,她总是要首先蹲下来融入孩子们的游戏，然后才能作为他们中的一分子来参加游戏，最后才能对孩子们的生活和未来产生影响。如果一个老师不善于融入孩子们，就会造成很远的距离，和孩子们相处不融洽自然很难对其产生影响。

日常生活和交际也是这样，只有你有目的、有心地融入朋友的心，融入同事之间才可能对他们产生影响，而将心比心就是这样一种有效的方式。

对待他人只要有对待自己一半的好，就能够得到别人真心的感激；而想要影响他人，就要真心理解和体验他人的感受，用对待自己的方式去对待他人。能够拿自己的心去衡量别人的心才能更理解和宽容他人，相互之间才能有更多体贴和默契。

心理智慧：

1.想要影响他人，首先要学会融入他人的情绪和人生体验。

2.在别人处境艰难、遭受不公或有失误时，要用宽容的心态去对待。

3.用自己的切身体验去理解他人的感受，才能更接近他人。

4.生活中要常常用自己的心去衡量别人的心，这样才更容易理解和影响对方。

邻里效应：积极的事物是能相互感染的

有谁还记得“孟母三迁”的故事？孟子小的时候，父亲去世，母亲寡居。一开始他们住在墓地附近，于是孩子们总是玩哭丧、跪拜的丧事游戏，孟母见了觉得不妥，于是搬到集市旁边。孟子又开始玩商人卖东西的游戏，孟母见了说“这不是可以用来安顿我儿子的地方”，又搬到学堂旁边。每月农历初一这个时候，官员到文庙行礼跪拜，互相礼貌相待，孟子见了之后都学习记住。孟母非常满意，于是住了下来。孟子长大后，学成六艺，获得大儒的名望。

这也就是所谓的“邻里效应”：社会环境的特点可以影响人们的思想和行为方式。人们常常用此事例来说明，接近好的人、事、物才能学到好的习惯。环境能够改变一个人的爱好和习惯，但是环境也离不开组成环境的人，想要深刻影响别人就要让自己成为他想成为的人，这样就能够让别人主动接近你、接受你的影响。

人们普遍都存在一种建立和谐人际关系的期望。人们看待朋友时多倾向于积极的方面，在互动的过程中也总是力图以最小的代价换取最大的报酬。因此，想要对人们产生影响就要充分展示自己积极的一方面，因为好的感染好的，“近朱者赤”。如果你是积极乐观的代名词，大家就很容易心甘情愿地靠近你，并在不知不觉中受你的影响。

《南史》中曾记载过这样一个故事：有个叫宋季雅的人，出了十分昂贵的价格买下一栋房子，有人说太贵了，但他却说“不贵，不贵，100 万元是买屋的钱，1000 万元是买邻的钱”。犹太民族也有一句名言叫“不要选择房子，而要选择邻居”，因为他们都明白有好邻居等于为自己增添左膀右臂的道理。为什么那么多的人会花费一大笔钱去租某座高级公寓里的房子？其实，这仅仅是因为有很多精英住在那里而已。

邻里效应不仅仅是地缘关系，在心理领域也存在：即背景、态度、价值观、情感相邻的两个人，其情绪和行为会互相感染，这就是产生影响的根源。为什么有人会“惺惺相惜”“同病相怜”？就是因为他们的经历一致或者情感、情趣一致。

白居易曾写下“同是天涯沦落人，相逢何必曾相识”的诗句，并为一个沦落天涯的歌女写了《琵琶行》的曲子，究其缘由就是这种邻里效应在作怪，否则著名的大诗人怎么会与“老大嫁作商人妇”的女人相交并为之作曲？

日常生活中，我们也常常看到两个素不相识的人，仅仅是因为谈了几句话，就结成了很好的朋友；甚至有时候一个人的诉说引起了几个人默默的啜泣，然后几个人成为至交好友。当心理距离邻近的时候，人们最容易互相感染，也最容易影响他人。根据这一道理，想要影响一个人就要从他的背景、经历、情感、社会地位等方面做考虑，然后根据这些找出最能够感染对方的方式。

一次，李颖去酒吧喝酒，遇到了刚刚失恋的云。两个人讲起了感情中的波折，不约而同产生起了“同病相怜”的感觉。不久后，两人发现各自离得并不太远，她们的情感、教育背景都比较相似，于是结为好友。李颖常常开导云：遇事要向前看，一年前自己失恋，痛不欲生，但目前过得还不错，又有了新的恋情。云不由自主地以为两个人性情、经历相似，以后她也能过得和李颖一样好，不久就走出了阴影，并和云搬到同一所公寓，成为了“闺蜜”。

可见，邻里效应的影响是巨大的。想要吸引积极向上的朋友，就要首先把自己变得积极向上；想要影响他人的思想，就首先要在思想上靠近对方；想要感染他人，就要寻找与对方一致的情感或情绪；想要提高自己的社会地位，就要首先明白自己希望达到的社会地位的人的思考和行为方式。

心理智慧：

1.与人交往时，尽量增加“惺惺相惜”“同病相怜”的感觉。

2.把自己的位置放在与他人相邻而不是对立的立场上。

3.保持良好的情绪和高尚的行为，能够让你交到更多高尚的朋友。

第 5 章

以情动人，情感到位易于办成事

自己人效应：谁都愿意信赖“自己人”

现实生活中，人们常常发现这样一种现象：当你办事时，对方是你的朋友或者有过数面之交的人，事情就会特别顺利；而如果对方是陌生人或者价值观不同的人就会处处受阻碍。这就是“自己人效应”，即“自己人”一切好商量，对于“自己人”所说的话更容易信赖和接受。

这里所谓的“自己人”其实是指和自己有感情的人或者与自己同一类型、站在同一立场上的人。汉代将军李广，为将廉洁，体贴士兵，爱兵如子，不但经常与士兵同饮同食，而且凡事身先士卒。行军遇到断水断粮的时候，见水见食，士兵不全喝到、吃到，他不近水、粮。李广不善言辞，但闲时常常与士兵射箭赌酒取乐，并常把赏赐分给部下。部下觉得李广将军平易近人，是“自己人”，于是更加尊重和爱戴他，甘愿为他出死力杀敌。

与人交往中，想要和对方建立良好的感情和人际关系，就要强化“自己人效应”，让他人认同你并和你站在同一立场上，这样才可能更快接受和信赖你。怎样强化“自己人效应”呢？林肯曾说过一段非常精彩的话，“一滴蜜比一加仑胆汁更能够捕到更多的苍蝇，人心也是如此。假如你要别人同意你的原则，就先使他相信：你是他的忠实朋友即‘自己人’。用一滴蜜去赢得他的心，你就能使他走在理智的大道上。”意思说，感情必须在一致性的基础上才能成立。

历史上有无数因为朋友对信仰的背叛而断交的故事，这是对"朋友"要求"一致性"最好的证明。司马昭篡权后，提拔了嵇康的朋友山涛。嵇康闻讯后，心痛异常，因为他坚持着自己仁爱忠恕的道德理想，认为山涛背叛了"曹魏"，于是写下了著名的《与山巨源绝交书》，从此和山涛断交。

也就是说，想让一个人意识到你是他的自己人，就要与他取得情感上的一致性或者信仰上的相似性。如果这种一致性消失了，两个人很可能从此敌对。如果两个人是非常要好的"哥们儿"、朋友，那么无疑你就是他的自己人了，而为自己人办事无疑要简单得多，这样就能够水到渠成。友情这种人们相处之后产生的情感，必须在很多条件一致的情况下才能产生；如果品格相悖，是不可能成为"自己人"的，比如一个诚实正直的人绝不可能与虚伪奸诈之徒相交，谦谦君子绝对不屑与狂妄自私的人为伍。

怎样让对方更明确地认识到你是他的自己人，从而和你相知、相交，信任你、宽容你呢？心理学家认为，"自己人效应"具有可接近性、相似性、互补性和相容性等特征。也就是说，两个人如果空间距离比较近、接触机会比较多，就容易产生好感，彼此引为"自己人"；双方有共同语言、信仰一致、品格相似也容易成为"自己人"；两个人性格或需要互补，也有可能因"取长补短"的需要而成为"自己人"；宽容大度容易接纳别人的人，也容易被别人接纳，成为"自己人"。这就是为什么那些只在酒桌上喝过两次酒的男人会拍着肩膀称兄道弟的原因。

心理智慧：

1.平等待人，不要颐指气使。一副居高临下的傲慢样子，把自己看得比人高，是没有人愿意成为你的"奴隶"的。

2.真正对他人感兴趣。只关心自己的人是没人愿意关注他的。

3.显示自己的才华魅力。人们都有“利己”的倾向,因此有一个有才华、有能力的朋友是每个人都希望的。如果你在某个领域才华比较出众,就能产生一种突出的人际吸引力。

如果能够做到以上几点,人们往往更愿意与之结交,并产生朋友之情。这样的人有更宽广的人脉。人脉和感情积累到了一定程度,做起事情来自然顺风顺水。

多点关切,就多一份情谊

关注会带来友谊,带来改变。每个自觉受重视的人,都会对重视自己的人产生更多感激和情谊。人们常说“士为知己者死”,因为对方关切自己、承认自己的才能、对自己有“知遇之恩”,甚至能够为对方死去,这种情感就是关注别人带来的回报。

有一所国外院校,入学之初会对每个学生进行智力测试,以智力测试的结果为依据把学生分到优秀班和普通班。但有一次却因为某种失误将两个班颠倒了,也就是说在所谓“优秀班”上课的孩子其实智力只是普通的。然而到学期末却发现,优秀班的成绩明显比普通班的高。原来,普通的孩子被当成优等生关注,真的使丑小鸭变成了白天鹅。额外的关注也使得这些普通的孩子非常感激他们的学校和老师。

关切带来情意并不是空口白话。别人的关注往往使人们感觉非常受对方重视,而友谊通常是在彼此重视的基础上产生的。平时对朋友多一点儿

关切，一句温暖的问候、一声真心的安慰、关键时刻一个关心的举动，都能够让你们之间的情谊一点一滴地慢慢增加。

李平是一个非常难亲近的人。他对人态度疏远，平时沉默寡言，让人无法和他谈不下去。但同时他也是整个办公室最有才华的人，他的每个创意都被人们称赞不已，而每当人们对这些表示称赞或羡慕的时候他回答的也总是只有一声“谢谢”。一凡则是一位刚进入职场的大学生，尽管经验不足，但爽朗坦率，对每个人都很热情。一次，李平生病，根本没有人注意到，正在医院中忍受痛苦和寂寞的李平看到了这位“后辈”。他嘻嘻哈哈地在李平病床前待了半小时，并用李平的杯子喝水，丝毫不介意。李平回单位上班时，他又主动打招呼，问他病情怎样，终于“化开”了这位“冰山”的心，与他结成了朋友。不久人们就发现，那位没有工作经验的新人的能力也开始慢慢见长。

仅仅是一番医院的问候，就打开了另一个人的内心；仅仅是一点点关切，就成就了两个人的友情。大概是人们在“落难”的时候，感情格外脆弱的原因吧！其实，不管怎样，只要平时真心实意地关切他人，就能够让人感觉到。一声敷衍了事的问候与热情洋溢、充满关切的问候肯定不同；泛泛之交之间的关切和真正朋友之间的关切也肯定不同。只有付出真心地关注他人，才可能带来情意、带来朋友。

在希腊神话中有一位纳西瑟斯，他一直瞧不起爱情，所以一个伤心人向天神祷告，结果应验了：“愿不爱别人的他爱上他自己。”当纳西瑟斯俯身喝水时看见了自己的倒影，立刻爱上了他。他嚷道：“现在我知道别人为我吃了多少苦头了，连我自己也热烈爱上我自己了。可是要如何才能接触水中迷人的影像呢？我离不开它，我唯有一死才能得到自由。”于是，只会顾影自怜的纳西瑟斯变成了一朵水仙花。

这则神话给人的启示大概是，只关心自己的人最后只能形影相吊吧！只有真心的关切才能够带来情意。人们总是以自己为中心，但是在这个中心以外，你付给周围的人多少关心就能够赢得多少友谊。

心理学家认为：每个人都希望自己在别人的心目中排第一位，但只有重视才会引起重视，只有喜欢才会引起喜欢。这是因为一个人对他人的关心会在他的言谈甚至神情中不自觉地显露出来，使另一个人接到这一信息，而这一信息会使得对方身心愉悦，从而加深你对他的关切和好感，这种情感的互动会使双方都在这段情意中受益。

关心常常表现在日常的小事之中，只有一点一滴地积累，才能使双方的情谊更加深厚。不放过每一个可以关心对方的机会，就能使彼此间的情谊日益加深。

心理智慧：

1.平时要对他人展现出自己的关切之情，问候、关心都要真心诚意、热情洋溢。

2.在别人处于逆境之中或者情感最脆弱时对他关切，最能够引起他的共鸣。

3.人们的关注会变成自身的力量，尽可能赢得更多人对自己的关注，对成功有很好的促进作用。

雪中送炭比锦上添花更打动人

假如你饥肠辘辘的时候，有人送给你一顿美食，你是否会非常感激他？

答案是肯定的。但这时候如果人们持续将更多、更美味的食物送给你，你还会继续感激涕零吗？而如果有人不管你是否已经吃撑，不断将更多食物送上来，而你不好意思拒绝之下，只好硬着头皮吃下去（宴席上经常遭遇这种情形），这时你大概会对他心存怨恨了。

这就是“边际递减效应”，物品的价值并不取决于物品本身，而是通过自己的需求、欲望得到满足的程度来主观体现的。同一样东西给我们带来的满足感和效用会随着它的增加而使得效果递减，越到最后效果越小。德国经济学家戈森曾提出一个有关享乐的法则：同一享乐不断重复，则其带来的享受递减。

所以，锦上添花的效果会远远弱于雪中送炭。想要赢得他人的情感或感激之情，一定要在他最需要的时候给予最贴切、最实用的帮助。生活中，谁都可能遇到困境，而困境中的帮助尤其可贵。老子曾说“天之道损有余而补不足，人之道损不足而补有余”，意思即人们常常关注正处于顶峰的人物，而忘了处于困境中的人，甚至对陷入泥泞的人踩一脚。这样的行为是不足取的。

人们常说“疾风知劲草”，又说“日久见人心”，其实不仅仅是看平时对方对自己怎样，而且要看危难之际、困境之中，对方是否能够尽“朋友之义”。此时，如果向朋友伸出援助之手，势必会获得更多的感激和友情，日后可能得到更大的帮助。

著名作家钱钟书在上海写《围城》时，经济非常窘迫，一天500字的精工细作，绝对不够养家糊口。这时候黄佐临导演上演了其夫人杨绛的四幕喜剧《称心如意》和五幕喜剧《弄假成真》，并及时支付了酬金，这才使钱家渡过了难关，可谓“救之于水火之中”。

钱钟书向来不喜欢与人交往，却与黄佐临有不错的友谊。时隔数年之后，钱钟书已是名满天下，此时黄佐临之女黄蜀芹怀揣老爸一封亲笔信，在如过江之鲫的导演堆里独获钱钟书亲允开拍电视剧《围城》。

现实生活中不乏这样的例子，对于他人来说，你不经意的小帮助却可能是一个很大的人情。明白了这一点，就不要让自己做出“人走茶凉”“痛打落水者”的事；相反，在别人危难关头挺身而出，才能赢得对方的情谊。

往往要到最危难的时刻，才能分出他人品格的高下。“雪中送炭”不是高尚的要求，而是道德底线。能够做到这一点，才能够获得他人的感激和友情，才能得到日后的帮助。“人脉投资”往往在他人最低落的时候，才可能产生最良好的效果。

但并不是所有人都值得“雪中送炭”，那些每日牢骚度日、消沉潦倒的人，你给他再多帮助也不可能将他从泥淖中带出来，还会影响自己的处世态度。因为他的一生都会处在“雪中”，你却不可能永远“送炭”，对于这样的人，要改变其内心是困难的，那么就只能坚持“救急不救贫”的原则。把“炭”送给那些危难之中的“英雄”，还需要一双“通达的慧眼”。

心理智慧：

1.昔日的英雄落难，不妨“雪中送炭”，救之于危难之中，让他欠你一份人情，你会得到更多回报。

2.别人危难之时，即使不能及时伸出援手，也千万不要“推一把”。

3.独具慧眼，不要持续资助任何人，否则只能让他人产生依赖性。

成人之美令对方对你感激不尽

《论语·颜渊》中有这样一句话：“君子成人之美，不成人之恶。”意思是，君子成全别人的好事，帮助人实现愿望，而不会唯恐天下不乱，不会在别人处于失败或痛苦时推波助澜。天下推波助澜、落井下石的人何其多，愿意实现他人美好意愿的人却很少，所以每个人对帮助自己实现愿望的人都会充满感激之情。

日常生活中，我们常常看到一个才华横溢的人愿意帮助一个才能平庸的人，原因只不过是对方曾经充当过他的“伯乐”。事实上，成全了他人也就成就了自己。如果愿意全心全意促成别人的正当愿望和要求，即使对方并不感激，你本身也会赢得好的名声，这就是“送人玫瑰，手有余香”。对于别人的愿望极力成全而不横加阻拦才可能获得他人的好感。

欧阳修和苏轼等被称为“唐宋八大家”，欧阳修与苏东坡还颇有一段渊源。欧阳修要比苏轼大三十多岁，科考当中，当时已是文坛领袖的欧阳修发现苏轼文章了得，于是起了爱才之心，当即奏报仁宗皇帝，并向世人坦言：苏轼的成就终当超越自己。苏轼得到欧阳修的赏识、提携，光耀文坛，并尊欧阳修为师。后人都称苏轼是欧阳修的门生，大概就是对欧阳修提拔后进的最好奖励。

成全别人并不是一件容易的事。想要成人之美要有宽广的心胸、长远的眼光和气度，能够接受别人比自己优秀，否则很容易因为害怕被他人超越而“成人之恶”。

其实，被别人超越并不是一件可耻的事，古人云“弟子不必不如师，师不必贤于弟子”。如果对方注定要成为一个为世人瞩目的人物，那么任何打压都不会消灭他的光彩；让他通过你的成全而实现愿望，发挥光彩，这样你也会因此获得好的名誉。如果不是鲍叔牙对管仲的举荐，那么，谁能够记住“鲍叔牙”这个平凡的名字呢？可见成全了别人也就成全了自己。

如果没有成全比你才华高的人的心胸，那么就帮助后进、提携新人或者社会地位比你低下的人。

汉宣帝时有位丞相叫丙吉。一次，他的车夫喝醉了酒，害得丙吉只好走回家。管家准备辞退车夫，但丙吉担心辞退了他，日后没人敢收留他，于是继续留他为自己驾车。

就是这个小小的成全换来了车夫的回报。有一次，车夫看见驿站的骑手带着红色和白色两个布袋（那是边疆传来的紧急文书），他猜想一定是边境出了急事，于是到驿站打探消息。他了解到敌人已经攻入云中、代郡，但因为地方太守体弱多病而无法抵抗。车夫立即把这一情况禀报了丙吉，丙吉立即对边境官员进行了审查并了解最新信息。

果然，皇帝不久便召见丞相和御史大夫询问边境官员情况，御史大夫因事前没有准备而吞吞吐吐，丙吉则因为事先了解了情况而说得头头是道，并提出了救援办法。丙吉的从容干练引起了汉宣帝的好感，其原因不过是因为他听了车夫的话，事先有了准备而已。

不要小看自己的一个小小举动或善行，对于下面的人来说，你的举手之劳却足够让他们付出巨大的努力。如果你愿意动动手，或者只是一句话、一个电话的事，就能够让人对你心存感激，日后一定会有更大的回报。

对于年轻人来说，或许你没有什么成人之美的资格，那么只要你对别人的计划、想法不泼冷水，适时（尤其是其他人总是对自己的做法持怀疑态度的时候）给人以肯定和鼓励就是在成人之美了。任何人都不会忘记给过他实质上支持的人，对关键时刻给过他鼓励的人也会充满感激，甚至会一起分享胜利的快乐，这就是成人之美的好处。

心理智慧：

1.要有长远的眼光、有气度，帮助他人实现愿望，赢得他人的感激之情。

2.永远不要对他人的计划泼冷水，适当的鼓励和支持也能够成全别人，赢得他人好感。

牢骚效应：让对方发泄出心中的不快

每个人对生活或者工作都有一定程度的不满，而愿意听别人抱怨的人却不多。让对方说出他们的不满，也是增进双方感情的方式之一。

哈佛大学的心理学教授曾经做过这样一个实验：他要求心理学专家们找工人个别谈话，而且规定专家要耐心倾听工人们对厂方的各种意见和不满，并做详细记录，同时，专家对工人的不满不准反驳和训斥。两年以后，他发现工人们的工作效率有了明显提高。这就是所谓的“牢骚宣泄效应”或者称为“霍桑效应”。

它的意义在于：提示我们要让周围的人学会宣泄。人人都有各种各样的愿望，但不一定都能达成。因为不能实现愿望而产生的不满情绪千万不要压制，而是要让它们发泄出来，这对人的身心发展和工作效率的提高都非常有利。

日常生活中我们也常常看到，那些我们愿意向他抱怨或者发牢骚的人，常常都是我们身边最亲近的人，或者是自己的爱人、父母，或者是自己最要好的朋友。我们通常会把不满情绪隐藏得很好，即使受了再大委屈，也不愿向同事或者上司诉说，而更愿意向自己的亲人发火或者抱怨。

让对方说出他的不满，也就等于在拉近两个人之间的距离。当你愿意听对方的抱怨或者对方愿意把他的不满、伤心、委屈都说给你听的时候，你们的友谊、情感就增加了一步。

唐太宗李世民为君贤明，但在朝堂上常常受大臣们的气，甚至在私下也不敢有丝毫懈怠或者享乐，甚至因为魏征来访而把一只鸟闷死在自己的袖子里。于是，他常常在后宫发牢骚要把魏征“砍头”，长孙皇后在劝诫他的同时也常常主动帮太宗宣泄不满，倾听他的抱怨，因此成为李世民最钟爱的皇后，为李世民留下七个子女。

很多人都不喜欢听别人发牢骚，认为别人的垃圾情绪会影响自己的心理健康。诚然如此，但如果能够做到分担他人的痛苦，也是一件好事。

别人并不需要你的主意，只是想把自己的愤怒发泄出来，这时，不妨和对方一起把招惹他的人骂个痛快，然后一起哈哈大笑一通，就能够把两个人的不平之气都散发出去，同时也能增进两个人之间的情感。我们常常发现，两个人“同仇敌忾”了一番之后，彼此之间更加亲密了。当然，对方最好是你真正的朋友，而不是别有用心的人。

另外，允许别人发泄还有利于事情的解决。美国一家电讯公司，其中一位客户拖欠了很多费用，但是经过多次交涉都毫无效果。客户只是一味抱怨电讯公司的差劲，让所有人都不知如何是好。最后，公司派出一位非常沉默的员工来接待这位客户。这位员工什么都不说，只是沉默而真心地倾听客户的牢骚，包括他对电讯公司的不满、对他生活和工作中出现那种不公平待遇的愤怒和不满。就这样，经过四五天的发泄，客户终于意识到自己的无理取闹，心平气和地将欠的款项补上了，并预付了一大笔钱给电讯公司。

让对方说出他的不满，将负面的情绪都宣泄出来，有利于事情的解决。

人们普遍有一种“歉疚心理”，当你对对方毫无理由发泄的时候，事后就会意识到自己的错误，于是产生一种“歉疚补偿心理”，尽量补偿别人因你受到的伤害。

大禹和他的父亲鲧都进行过治水，鲧采取的方式是堵，结果，东堵西决，此堵彼溢，历经9年，没有任何效用。大禹则采用疏导的方法，将水都引入大海，最终使之臣服。牢骚效应也是一个“疏与堵”的问题，允许别人发泄自己的不满，才能将所有的问题都解决在萌芽状态；而引导对方说出他的不满，给对方一个发泄口，才能够防止对方情绪集中爆发出来，激化矛盾。

心理智慧：

1.认真倾听对方的牢骚，能够使事情办得更加顺利。

2.引导对方在你面前说出他对现状的不满，可以增加两个人之间的亲密度。

3.允许员工宣泄，可以激发员工活力并能防止矛盾爆发。

自我暴露定律：用真情实感换来对方的支持

心理学中的自我暴露定律是指在人际交往中，如果能够适当表现自己的真实情感和想法，则更容易取得对方的信任、支持和理解。

心理学家把人的心理分为三个区域：一是可以让别人觉察到而自己也知道的部分，叫做“透明区”；二是自己知道而不能被别人发现的部分叫作

"隐匿区";三是自己不知道而别人可能看清的部分,叫作"潜在区"。这三个区域在人的心理中的分配比例决定了一个人的"幸福感"和"被信任程度"。一个人只有透明区最大、隐匿区较小、潜在区最小的时候,才可能感到幸福,而别人也最信任他。

人和人交往贵在相知,所以人们更喜欢自我暴露的人而不喜欢自我隐蔽的人。因为,自我隐蔽就意味着你站在暗处而别人站在明处,这对于站在明处的人是没有好处的。自我暴露则意味着你人品可靠,不介意坦白自己,因此值得交往,同时你有与对方深交的愿望,愿意让对方进入你的神秘世界。因此,人们更乐意和对人推心置腹、襟怀坦白的人交往,也愿意给他热情的帮助,作为交换,也愿意让他进入自己的内心世界。

自我暴露也是展示自己、推销自我的一种好方法。向朋友表露自己的真实感情或者情绪、想法,坦率地表白自己、陈述自我,能够加深你在朋友心中的印象,同时也表明对方在你的心中有一定的分量。很多政客都会非常充分地利用这一点,他们常常向选民们表达自己的家庭计划,比如:再要一个孩子或者与子女的互动、曾经的感情挫折等,甚至陈述一些自己的小缺陷来展示真实的自我,拉近和选民们的距离,获得他们的支持。当然,在商界也不缺乏这样的例子。

亨利·霍金士是美国一家食品公司的董事长。一次,他从化验报告上发现,他们的食品配方中有一种添加剂有毒,如果长期食用,对身体是有害的。于是,这位董事长陷入了矛盾当中,如果悄悄从配方中删除添加剂的话,会影响产品的保质期;如果要将这一发现公之于众,同行们肯定会借此机会反击自己,自己苦苦经营了几十年的企业就很可能倒闭。

经过激烈的思想斗争,他毅然向社会郑重宣布——添加剂对身体有害。预料的情况果然来了,几乎所有的同行都联合起来抵制他的产品,亨利公司几乎到了倒闭边缘;然而出人意料的是,他的名声却迅速家喻户晓,他的产品也成了人们放心的热门货,所有的消费者都相信:一个能不惜冒着倒闭的危险将真相告之消费者的企业,还有什么让人不放心的呢?不久,亨利公司不但恢复了元气,而且扩大了规模,一举坐上了美国食品加工业的头把交椅。

这就是自我暴露的效果。它能够赢得人们的信任和支持,不仅如此,它还能够为你赢得他人的友谊和情感。真正的知心好友,往往都愿意相互分享最私密的事情,以此来证明彼此间的深厚情感。

想要赢得真正的知心好友,就不要对自己的私事讳莫如深,触及自己的私生活不一定会暴露你的隐私,再者任何人都可能遭遇感情或者情绪上的问题,私生活也可能遭遇挫折。闭口不谈并不能代表你很幸福或者并非浅薄之辈。所有人在感情方面总有相通之处,如果愿意向对方适度坦白,就会发现彼此间的共同之处,从而建立起某种感情的联系,甚至可能因为吐露自己的一个小秘密,一下子赢得对方的心,赢得一生的友谊。

每个人内心深处都存在着对情感的需要与渴望,因此在分享私事和情感方面结成的好友永远要比因为暂时利益结成的关系更加牢固。这就是很多人脉非常广的人内心却非常寂寞的原因。心理学家也认为,一个人至少应该向一个忠实的人吐露内心的秘密,这样在心理上才能是健康的。

但自我暴露也并非越多越好,否则就会陷入浅薄的境地,对于比较亲密的友人不妨多暴露一些,对于不太了解的人则可以讲一些并不是什么秘密的私事。

心理智慧：

1.说一说你自己的故事或者个人情感，比谈论天下大事或球赛更有亲和力。

2.向朋友表达出你的真实情感和想法，可以增加朋友间的亲密度。

3.坦白自己的不足，可以获得人们的理解和支持。

4.自我暴露不是出卖自己或别人的隐私，一定要和适当的人说适当的话。

第6章

心理暗示，激发内心潜能成就自我

巴纳姆效应:学会剖析和全面地认识自己

巴纳姆曾经说过一句名言:“任何一流的马戏团应该有能力让每个人看到自己喜欢的节目。”因为节目中包含了每个人都喜欢的成分,所以“每一分钟都有人上当”,这就可以解释这一效应为什么能够产生。

巴纳姆效应是由心理学家伯特仑·福勒提出的,它表现为:每个人都很容易相信一个笼统的、一般性的人格描述特别适合自己,即使它非常空洞,仍有人认为这反映了自己的人格面貌。实际上,这是由人容易接受周围环境暗示的心理决定的。生活中,你不可能时时刻刻去反省自己,认识自己就是借助确认外部信息来达到的,因此,当别人将某一非常笼统的结论告诉你并认为这就是你时,你会认为这正是对你自己的描述。

人们借助镜子来观察自己的相貌,借助他人的语言或评价来认识自己的性格,所以人非常容易受到外界的暗示,并认为那是自己。日常生活中,有很多人热衷于以星座、生肖、血型来判断自己的性格,甚至为自己的未来作预测,这些都能够反映自己的真实面貌吗?

很多人都认为“很灵验”,其实那些话不过是一件“均码号”的衣服,套在任何人的身上都比较合适,只不过有些人穿着宽松一点儿,有些人穿着紧一点儿而已。

打个比方,一张你自己的照片经过 PS 以后,你能够找出哪部分是你自己真实的面貌,哪部分是经过修饰的吗?还是你认为,那就是真正的你自己?找几个你的姐妹或者与你长相相似的人来,告诉她,这是你偷拍的她的

照片，很多人大概也会承认吧？

这就是人的"镜子心理"，往往借助外界的信息来认识自己，容易受到环境和周围信息的暗示。这种自我知觉的偏差，很容易将你带入歧路。孩子们容易告诉自己的妈妈"甜甜这时候正在看电视，她每次都会考100分"，你听到这句话大概会笑翻天，可是你的行为又跟孩子有多大差别呢？

很多未婚女性都喜欢看韩剧，并认为只要打扮得漂漂亮亮就能找到一个爱你的好男人，或者认为嫁了一个好男人就等于得到了幸福的生活。她们按照"书本中"的指示去改变自己的行为，以为这样就能经营好自己的生活或婚姻。

这就是我们常常犯的"小儿科"错误，却往往不自知，将他人的言行作为自己行动的参照，只不过让自己变得更加可笑罢了。因为，人之所以是一个独立的"人"，是因为他与别人的差异，而不是相同之处。每个人都应该独立清醒地认识自己，而不要以他人的话语、评价或者行为为依据。

每个人行动之时，也要有自己的主见，不应轻易被别人左右或暗示，也不要盲目相信别人的经验，因为你们之间是不同的，对于他人合适的经验你用起来也许就会失败。

记得"东施效颦"的故事吗？西施是春秋时越国著名的美人，有心痛的毛病。犯病的时候，往往用手捂住胸口、皱着眉头，比平时更加美丽，赢得了人们的怜惜。丑陋的东施看到了也模仿美人的样子，扶住胸口、皱起眉头，反而更加丑陋，让人厌恶。正是她接受了错误的"捂胸颦眉"会让人更加美丽的心理暗示，不加区分地用到自己的身上，才被人认为"没有自知之明"。

而你又接受了多少别人的错误暗示，把自己固定在了一个不属于自己的位置上了呢？有人接受了别人的批判而妄自菲薄，认为自己一生将无所作为；有人接受了别人的恭维，认为自己是“天才”，不用努力才华也会显现，最终变得默默无闻；有人从别人的言行举止中，错误猜测了事情的进展，给自己造成不可估量的损失。

心理智慧：

1.想要明白自己的真实处境，就要学会客观观察，而不要受别人的影响。

2.学会面对自己，客观评价自己的优点和缺陷，才能真正明白自己是怎样的人，适合做什么，才能最终有所成就。

皮格马利翁效应：期望与成就总是成正比

皮格马利翁是希腊神话里塞浦路斯的一位国王，他非常喜爱雕塑，于是用象牙精心雕塑了一个美女像，并为她取名“盖拉蒂”。不久，人们发现这位国王爱上了自己倾注全部心血和情感的塑像，并喃喃祷告期望塑像复活。上帝听到了皮·格马利翁的赞美和期待，于是使象牙塑像获得了生命，成为了他梦寐以求的伴侣。

美国著名心理学家罗森塔尔和雅各布森根据这一“期望与赞美创造奇迹”的结论，做了一个心理学实验：罗森塔尔在考察某所学校时，随意从每个班级抽出 3 名学生，一共 18 人写在一张表格上交给校长，并告诉他那些学生是科学鉴定的智商型学生。半年后，他发现这些学生的确超过一般学生，长进很大。他们长大以后果然都在不同领域做出了非凡的成绩。

其实这就是暗示的影响,这一效应就是期望心理中的共鸣现象。暗示在本质上使人的情感和观念在不同程度上受到别人下意识的影响。因为罗森塔尔的谎言对学校的教师产生了某种心理暗示,左右了老师对学生能力的评价;而老师的心理则通过情绪、语言、行为等方式传递给了学生,使他们感受到了来自老师的期待,于是取得了异乎寻常的进步。

这就是暗示的积极作用,人们会不自觉地接受自己喜欢和钦佩的人的暗示和影响。来自他们的赞美和期待往往能够改变一个人的行为和思想,激发一个人的潜能。一个人得到他信任和崇拜的人的赞美和期待,会变得更加自尊和自信,能够产生一种积极向上的动力,从而让自己脱离原本的负面情绪,使平庸的人也变得优秀起来。

想要使周围的人或者自己变得更加优秀,就要给他无限的期待和赞许,给予他"你必将前程远大"的暗示,这种暗示能够创造奇迹,使被期待者向着你期待的方向发展。

戴尔·卡耐基很小就失去了母亲,变成一个镇上最讨人嫌的"捣蛋鬼"。他9岁时,父亲为他娶了一个"继母"。卡耐基一直认为"继母"这个名词会给他带来霉运,心中抗拒她的到来,并打算戏弄她一番。他与继母见面时,父亲指着他的鼻子说:"以后你可千万要提防他,他可是全镇公认的最坏的孩子,说不定哪天你就会被这个倒霉蛋害得头疼不已。"但继母的举动却出乎卡耐基的预料,她微笑着走到小男孩的身边,摸着卡耐基的头说道:"你怎么能这么说呢?你看,他怎么会是全镇最坏的男孩呢?他应该是全镇最聪明、最快乐的孩子才对。"

她的话深深打动了卡耐基,因为从来没有人赞许过他。就凭着继母的一句话,卡耐基对她产生了好感,与她建立了友谊。也是因为这句激励,卡耐基长大后成了著名的成功学大师,帮助无数人走上了成功的道路。

著名的心理学家杰丝·雷尔曾在他的著作中提到:“称赞对温暖人类的灵魂而言,就像阳光一样,没有它,我们就无法成长开花。但是我们大多数的人,只是敏于躲避别的冷言冷语,而我们自己却吝于把赞许的温暖阳光给予别人。”

所以从现在开始,不要吝于赞许你的朋友、爱人、孩子,因为你的赞许将成为他们生命中最温暖的阳光,照亮他们的人生,同时也帮助你获得更多友谊、信任和尊重。始终给人传递一种良性暗示,事情往往就会出现转机;而如果始终向他传递不良暗示,事情往往会变得很糟糕,所以不要说“谨防……变坏”或者“小心……”,而应当多说“我希望会非常顺利”“你会做得很好”,因为肯定的语言传递的是一种信心,这种信心会影响做事的人,使事情变得更完美,过程更顺利。

“鼓励与赞美能够使白痴变成天才,批评与谩骂会使天才变成白痴。”请记住这句话。

心理智慧:

1.如果对某个人有一个希望,就要按照那个标准去要求他,把他按照那种人来对待,这样就会激发他的潜能,使他成为你希望成为的人。

2.多给予别人称赞会温暖别人的心,使之变得更加优秀,并为自己带来友谊。

3.管理者对于事情的预先期待,要用肯定性的语言去表述,不要事先将风险夸大或者将过程说成曲折的,否则就可能真的变成“曲折的”。

韦奇定理:放点“烟幕弹”来影响你的对手

美国洛杉矶加州大学经济学家伊渥·韦奇认为:即使你已有了主见,但如果有十个朋友看法和你相反,你就很难不动摇。这就是著名的“韦奇定理”。每个人都会受暗示的影响,如果为数不少的人与你持相反的意见,那么,你就会不由自主地相信众人。

《战国策·秦策二》曾记载了这样一个故事:曾参住在费邑,有一个与他同名同姓的人在外乡杀了人,于是一股“曾参杀人”的风闻便席卷了曾参的故乡。第一个人告诉曾参的母亲“你的儿子杀人了”,曾母不为所动,因为她相信自己的儿子是不会杀人的,于是她继续安之若素地织布。没过多久,第二个人也跑来对曾母说“曾参真的在外面杀了人”,她还是在那不慌不忙地穿梭引线,继续织布,但心里已经起了怀疑。又过了一会儿,第三个人跑来说“曾参真的杀人了”,曾母害怕了,急忙扔下手中的梭子,端起梯子,越墙从僻静处逃走了。

人们对于别人再三的意见或传言、暗示总是持着相信的态度的,即使是一些不切实际的说法或者错误的意见,也会因为说的人很多或者另外一个人的再三强调,而使得当事者信以为真。

生活中我们往往可以看到这种现象:一群人遇到一个岔路口,当一个人做出了自己的选择时,如果与众人的选择相反,那么很快,他可能也朝着众人选择的路口走去;当一个人做出决定时,如果周围的人都反对他、怀疑他,他就很少能坚持自己的意见,就算能够坚持,也往往因为大多数人在过程中对他的否定而导致失败。

根据这个定理,不妨为自己的对手放点儿心理暗示的烟幕弹,用怀疑的眼光看着他的决定或者动员多数的同事支持你的想法和策略。那么,很快对手就会怀疑自己的决定,做事也不像原来那么有信心,从心理方面就落在了下乘,当然就不可能真正威胁到你了。

记得有这样一个故事:一群蚂蚁将要比赛,看谁能最先爬到一块高高的大岩石上去。于是,一群不参赛的蚂蚁来观战。观战的蚂蚁开始就说:"石头那么高,能爬上去吗?"一批蚂蚁听了,看看面前的石头,产生了退意,于是众蚂蚁嚷道"太高了,根本爬不上去",第一批蚂蚁就留在了原地;另一些蚂蚁,看到一些蚂蚁留在了原地,开始犹豫不决,但也爬到了一半高,这时观战的蚂蚁继续嚷道"太高了,累了吧,怎么能爬得上去,下来吧"。于是,这批蚂蚁也下来了。随着观战的蚂蚁越来越多,议论越来越倾向于爬不上去,越来越多的蚂蚁都选择了退缩。最后只有一只小蚂蚁爬到了石头的顶端,蚂蚁们纷纷问它怎样做到的,发现它原来是一只聋了的蚂蚁。

所以,不要只顾着给对手放烟幕弹,也要衡量一下自己是否能够不受影响,否则自己的暗示会最终导致自己也被"烟雾"迷散了,就得不偿失了。竞争的双方不但是对手,也是伙伴,因为你们要面对的是众多的旁观者,而旁观者的暗示常常会令你们两个都产生困扰,尤其是对于心志不够坚定的人来说,产生的影响是很难预测的。

韦奇同时认为,许多伟人之所以成功,就在于比别人看得更高、想得更远,更坚定地忠于自己做出的选择。对于世人来说,最卓越的成功者只占人群的5%,他们的意见注定和大多数人不一样,所以最终才能胜出。其实,只要你的意见是建立在对客观情况的准确把握上,并能坚信自己是正确的,人们渐渐也会相信你是正确的,并朝你靠拢。对于众人的暗示,一定要有自己的判断，大到择业、婚恋，小到出行、购物都应该依据事实，自己做出决定。众人的意见要听取，但要有主见，有主心骨才可能不受负面影响。

心理智慧：

1.适时给对手放点儿烟幕弹，可以混淆对方的视听，给对方造成退却心理。

2.凡事有自己的主见，意志坚定，不要因为旁观者的议论而产生退意。

3.一定要根据事实做出自己的决策，并始终忠实于自己的选择，如此才可能成就伟大的事业。

坚信定律：信念让梦想变成现实

“只要你对某件事情抱着百分之一万的相信，它最后就会变成事实。”这就是自我暗示的积极意义。与皮格马利翁效应的原理不同，坚信定律的意义在于积极的自我心理暗示，即信念的力量。

《信念的魔力》一书中曾经提到：“信念是始动力，能够产生把你引向成功的无穷力量：它往往驱使一个人创造出难以想象的奇迹 。”其中的“信念”就是积极的自我暗示、坚信的力量。当你决定做某件事的时候，一定要相信自己肯定能够达到某个结果，即使经历再多挫折也要坚持不达目的不罢休的信念；一定要为达成目标付出一系列的努力，坚持不懈才可能成功。

篮球教练曾经做过这样一个实验：将自己的队员分为两组，一组始终进行实地练习，而另一组进行一段时间的实地练习后，在脑海中想象自己投篮并命中的经过，一遍遍在脑海中模拟投篮，并幻想最终投进去。不久后进行测试，结果发现，那些参加投篮幻想的篮球队员们要明显比没有参加过幻想练习的队员们投篮水平高，这就是自我暗示的最积极意义。

因为实地练习肯定有不进篮的可能，而只要幻想自己进篮就是在为自己寻找信心和角度、技术等方面的东西。在幻想中，队员们同时进行了一定的技术思考和自信心练习，自然比那些只是进行技巧练习而没有时间思考的队员们有更好的成绩。再者，成功的幻想唤起了他们坚定的自信，在信心上就胜了一筹，自然可能赢得比赛。

《圣经》上说"坚定不移的信心能够移山"。坚信就是一个人源自心底的动力，有了信念并能够坚持不懈就能够预言自己的命运。林肯的夫人玛丽·托德，出身名门，自少女时代就高傲无比，对自己的继母和姐姐预言"我要成为美国总统夫人"并确信这一点。

希望并且自信就一定能够实现自己的梦想。一个人一旦对某件事情有强烈的欲望，就一定能够找到很多方法，甚至周围的环境和力量都能够帮助他成就梦想。信念是人生成功的第一要素，当你想要做成某件事的时候，就要对这件事抱着百分之一万的相信，不断坚持、不懈努力，方法就会从自己的信念中产生，潜力也会被自己强烈的自我暗示激发出来，那么这件事都终将成为事实。

心理的世界可以照进现实，充分的自信和坚定的信念更可以影响周围的人，让他们都为你的理想而让步或者帮助你、支持你就又增加了成功的可能。美国第 32 任总统布朗·德拉诺·罗斯福，在参选前被诊断患上了"腿部麻痹症"。医生告诉他"你可能会失去行走的能力"，这位总统笑呵呵地对医生："我还要走路，而且我还要走进白宫。"正是这种坚定的自信感染了在场的每一个人。于是，每个人都为他的竞选而努力，其中他的妻子更是代他参加了数次演讲，最终使他走进了白宫。虽然后来瘫痪，但他却以自己清醒

的头脑做出了无数重大决策——包括参加二战。妻子也成为他的眼和脚，为他走遍世界各地，使他最终成为美国历史上唯一一个连任四届的伟大总统。

心理智慧：

1.不断对自己进行积极的自我暗示，可以增加自己的信心，使事情向着盼望的方向发展。

2.坚信自己能够成功，可以为你找到无数方法。

3.坚定的信念可以感染身边的人，让他们帮助和支持你。

心理暗示让你占据主动

心理学家认为人们都有这样一种倾向：人们会自觉不自觉地维护自己的“自主”地位，不愿意接受别人的干涉或者控制。从这个角度来讲，暗示的作用往往要比指示、命令或直接劝说产生的效果更好。

这一点常常被商人们反复使用，比如广告宣传中宣传使用了自己的产品，效果会多么好，这种暗示就比直接劝说对方购买要好得多；还有一些商家会找人装作买东西，造成很多人购买的假象，引诱别人去购买，这也是利用了“心理暗示”，有些商家把这种方法用到了极致。

某种酒推广的方法就是让自己的员工都装成老板，吆喝着去大酒店吃饭，点上几千块钱的菜，然后问“有某某酒没有”，酒店老板没听说过，然后如实回答没有，结果一单几千元的生意就没有了。如此反复了几次，酒店老板们都意识到“某品牌的酒是商人们都喜欢的，是留住客人的法宝”。于是，这种酒一时风靡了大江南北，市场一下子就被打开了。

这就是利用了人们更愿意接受暗示而不是劝说或建议的心理。这种暗示的方法能够比任何方式更让自己占据主动，让他人更乐意接受自己的劝说或者建议。暗示也有多种方法和技巧，只有按照一定的规律进行有技巧的暗示，才可能收到更好的成效，否则对象不对或者方式不对就等于“对牛弹琴”，是没有效用的。

感染性暗示，即用感染的方式暗示他人按照你的方法去做，比如哄小孩子睡觉，如果直接命令他“该睡觉了”“闭上眼睛”，效果通常是很差的，反而可能使孩子更加兴奋或抗拒。这时，不妨选择感染性暗示，给他讲个故事等，不久孩子就会安静入睡。对于感染性暗示，可以应用在容易接受暗示、受别人情绪感染的群体中，比如学生或者涉世未深的年轻人。

期待性暗示。曹操“望梅止渴”的故事运用的就是“期待性暗示”。他运用了士兵们口渴对梅子的期待，让他们口中生津，鼓起了士气和力量，一鼓作气翻过了山丘，到达了水源。这种暗示一定要运用施加暗示者的权威效应，否则是不会达到目的的。如果是曹操以外的某个士兵说看到了“梅子”，大家肯定会怀疑他，效果就不能显现出来。想要给大家“画饼”，就一定要让人相信“饼”的真实性，就要求“画饼”人的权威。

幻想后果性暗示。贾诩是曹操非常看重的谋士，一次曹操特意屏退左右，向贾诩请教立太子一事。贾诩面露难色，故意不答，曹操问他为什么知而不答，贾诩说自己正在想事情，所以没有回答主公的问话。曹操问他想什么，贾诩漫不经心地答道“思袁本初、刘景升父子也”。袁绍和刘表正是因为废长而立幼，使得身死后兄弟阋墙，霸业成流水。贾诩并没有明白地表明支持谁或者给曹操建议，只是一个暗示就使得曹操下定了立曹丕为太子的决心。

这就是利用“幻想后果性暗示”取得的效果，一般要运用前车之鉴的事例，让对方自己想象事情的糟糕后果，再做决定。当然，最好还要对方能够有足够的领悟能力，否则就有“对牛弹琴”之虞，这种暗示常常用于对比你地位高的人提建议，委婉而容易被接受。

暗示现象在日常生活中是普遍存在的。如果不能够给人明显的建议或者当他人不容易接受你的劝说、指示或建议时，不妨利用暗示之道。只要掌握一定的技巧，就能够把主动权掌握在自己手里，让别人不自觉地接受你的看法。

心理智慧：

1.用自己的话感染他人的情绪，可以让对方迅速接受暗示，照你的话去做。

2.用权威性暗示，对方会因为惑于权威而照你的意愿去做事。

3.用前车之鉴的暗示可以使对方迅速意识到自己的错误，自觉遵从你的建议，委婉的方式能达到最好的“谏言”效果。

故布疑阵，扰乱对手的视线

人都有多疑的倾向，如果能够利用人们的“多疑心理”给对方制造一些混乱，就能够让对手自乱阵脚，这同样也是“心理暗示”的效果。比如，在每个动乱时代，每每都有文人写出某种政治童谣，给孩子们传唱，以扰乱对方的军心或者令对方自乱阵脚。通过这种暗示，让人们意识到某王朝“气数已尽”或者将由谁来秉承上天的旨意。

每个朝代灭亡之前，都会有一段时间流传几个版本的“预言”，实际上不过是一些政治手段罢了，为的就是利用“心理暗示”为新的王朝造势，或者动摇民心，使对方自乱阵脚。

现代生活中也不乏这样的例子，比如“某某好像要提升了”“公司发生了什么事”，让人们受到这些暗示的影响，从而达到自己预期的目的。

当然，为了混淆对手的视线或者反击对方，也可以故布疑阵，让对方首先疑神疑鬼，自乱阵脚，比如诸葛亮的“空城计”就是利用了司马懿的多疑心理，让自己镇定自若的琴声使得司马懿产生怀疑，进而退兵。而古代的皇帝们，打仗之前也往往会散布谣言，暗示对方的大将已经叛变，这都属于这类“暗示”的运用。

在现代社会上，不要在内部使用如此“刻毒”的计谋，而当遭到对手的不正当竞争或者对方使用不正当手段时，却不妨用它来自保和反击，反而能留给自己一些“生机”。

“暗示”运用的就是对方的猜测，让对方“疑心生暗鬼”，然后使局面倒向自己一方。为对方制造混乱，利用的就是人的心理弱点，如果对方光明磊落，自然这些“暗示”就对他们“无害”；如果对方内部阵营有“嫌隙”，自然就有可乘之机，比如想挖对方的“墙角”，就可以主动接近对方的“股肱之臣”，让主事者对他产生怀疑，自然处处刁难他。一个人在一个企业待得不开心，选择离开是迟早的事，这时候再有意延揽，自然会轻松许多。很多猎头公司都非常熟悉这些“小把戏”，当然，如果对方的管理者是非常聪明而有度量的话，这种情况绝不会成功。

这种手段在股票操作中也常常被运用。利用某些股评专家放出消息说某只股票被严重低估，就有可能迎来大量的“购入”，这时，一旦决策层有风吹草动或者抛售一部分股票拉低股票价格就有可能有很多人感到心理压

力，于是“割血”，这就是很多“短线操作者”总在赔钱、运气永远不好的原因。

心理智慧：

1.保持心态的平和是成大事的必备条件。

2.保持自己不受外界故意的扰乱。

3.利用暗示给对手增加混乱感，让对手人心惶惶、自乱阵脚，这样自己就可以趁势而动，取得自己的所需。

第 7 章

深入分析，了解对手弱点更易沟通

投射效应助你洞察他人内心

投射效应是一种认知倾向，它是指人们常常以己度人，认为自己具有的某种特性他人也一定会有与自己相同的特性，从而把自己的感情、意志、特性都投射到他人身上的认知倾向。不过这种认知倾向对于旁观者来说却是有好处的，我们可以通过他眼中的世界去洞悉他的内心。

就像照镜子一样，既然别人能够通过镜子判断另外的人，我们也能够通过镜子去看他的真实面貌。北宋著名学问家苏轼和佛印和尚是好朋友，一次，苏东坡去拜访佛印，苏东坡开玩笑地与佛印开玩笑说“我看你是一堆狗屎”，而佛印则微笑着说“我看你是一尊金佛”。苏东坡觉得占了便宜，得意洋洋地回家了，并向苏小妹提起这件事，苏小妹笑着说：“哥哥你输了，佛家讲究‘佛心现自’，你看别人是什么就表明你自己是什么，这个偈语哑谜你输了。”

日常生活中我们也常常看到，心机深沉的人常常认为事情“另有真相”“一定有哪里藏着猫腻”；而心思单纯的人则常常会觉得“怎么会呢”。有野心的人总认为别人不可能满足于自己给别人的；善良的人总认为大多数人是善良的，这个世界是很美好光明的。一个总算计别人的人，往往认为别人会算计他，并充满戒备；敏感多疑的人总认为别人不怀好意；一个重视金钱的人总认为“别人做事一定是为了他的钱”；嫉妒心重的人则总是认为别人的敌视是因为对自己的嫉妒……所以，通过一个人对事情的态度、对别人的评价能够看透他的内心，针对他的内心性格特征，往往能寻找出攻心的

方法。

在战场上，对峙的双方往往能够根据对方的一举一动来洞悉对方将领的内心情绪或者战局，以决定自己的策略。

《资治通鉴》中就记载了这样一段历史，司马懿和诸葛亮在北原对峙一百多天，司马懿遵守明帝“坚壁拒守，以逸待劳”的指示，坚守不出。于是，诸葛亮派人送司马懿女人的巾帼和衣裙，讽刺他像女人一样怯懦，以激怒他出战。司马懿看后则认为诸葛亮之所以“出此下策”实在是到了山穷水尽、无可奈何的地步。于是，顺水推舟只假装上书请战，诸葛亮评论道：“司马懿本来就没有出战的意思，之所以坚持请战，只是为了激励士气而已，否则‘将在外，君命有所不受’，何必要不远千里请示皇帝呢？”

这两位都是可以根据纤毫现象洞悉他人的高手，所以几次交锋，互有胜败也就不足为奇了。

但是依据“投射效应”揣度他人的性情也有失准的时候，如果对方是依据客观事实而非主观印象来推测别人的性情或者事情的发展的话，那么对于这个人的揣测就不会“以小人之心度君子之腹”了，这个人就必定是理性的。人都有一定的共通性，所以为人分类可以看到对方的主要特质，从而能够洞悉他的内心，了解对方的软肋。但是人与之间毕竟有差异，推测也总有出错的时候，这就需要我们根据具体情况的不同而揣测出他人细微的差别之处，而不可以笼统地概括，否则就容易犯下大错。

诸葛亮摆“空城计”之所以能够成功，就是利用了司马懿的多疑心理，其次还运用了投射效应的误差性，因为平时诸葛亮用兵都是非常谨慎的，所以偶尔大胆一次才迷惑了司马懿的双眼。如果司马懿能够仔细分析、思索一下，就能够发现，诸葛亮不可能在短时间之内调来那么多的重兵，而他的悠闲只不过是“虚张声势”罢了。

心理智慧：

1.听听一个人眼中的世界、眼中的他人是什么样子，往往就能够明白他的性格是怎样的。

2.可以根据他人的一举一动来洞悉其心理变化，从而做出应对之策。

3.利用“投射效应”得出的结论会有误差，一定要谨慎，并根据事实做出调整。

对逆反心强的人善用反弹琵琶之术

反弹琵琶这一术语来自敦煌壁画上的艺术形象。反弹着琵琶，其艺术效果让人叹为观止，远远胜于普通的现象，人们把这一效果运用到批评领域当中，果然比严厉的批评更加令人接受和心悦诚服，因此被称为“反弹琵琶效应”，意思即把原本要批评的过错不予直接批评，而是充分肯定或表扬其长处，使之进行反省，进而认识错误，改正过错的现象。

有些人，尤其是处于叛逆期的青少年，往往逆反心理比较强，越禁止的事情越要做或者越是面对严厉的批评、指责越是不服，反而要用叛逆的行为加以反抗。面对这一心理，如果直接指责或批评往往起到相反的作用，使其在错误的道路上越走越远，这时不妨采取反弹琵琶的方式，以表扬的方式来达到批评的效果，可以使其更深刻地认识到自己的错误，这对于叛逆的人反而更加有效。

苏联教育学家苏霍姆林基曾谈到这样一件事：一天清晨，校长看见一个女孩子在花园里折了几枝鲜花。他并没有急着批评这个女孩子，而是关切地问孩子发生了什么事，为什么要摘鲜花。孩子告诉校长自己的奶奶病了，她非常喜爱鲜花，但自己没法买到。校长意识到必须保护这颗天真善良的心，于是专门送给女孩两束花，并对她说："一束花送给奶奶，祝她早日康复；另一束送给你的父母，谢谢他们培养出了如此爱长辈的孩子。"

这种教育方式引起了学生的极大感激，从此在学习和品格方面都大了有进步。因为这种批评方式造成了小女孩的心理失衡，本来犯错误之后要得到批评，现在反而得到表扬了，为了缓解这种紧张心理，就会产生自责心理，萌生改过自新的念头，一定要做"表扬中的那种孩子"来恢复心理平衡，从而使自己的行为得到改善。

生活中很多人也善于使用这种"反弹琵琶"的方式来处理自己的生活和情感，从而唤回自己迷失的伴侣。蒙蒙是一个热恋中的女孩，一次她从男朋友手机上发现了他与另一个女孩的暧昧短信，于是将手机和那几条短信放在了明显的地方。男朋友看到后以为她会大吵大闹一番，甚至做好了"破罐破摔，趁机分手"的准备，但蒙蒙并没有那样做，反而嬉笑着说"你好大的魅力啊"，然后继续做手里的事。她男朋友反而希望这时蒙蒙来严厉指责他一番，否则心里总感觉愧疚，于是收起了自己的"花心"。蒙蒙就是利用了这种"愧疚"心理保卫了自己的爱情。

人们犯错误后都有一种"愧疚" 心理，一旦得到批评，他们的心理包袱就放下了，"愧疚"心理也随之消除，反而效果不佳。不如不加责怪，让他永远"愧疚"着，反倒更能自责，从而改正错误。

其实，反弹琵琶效应不一定只在批评领域有效，在其他领域同样有效，因为人们普遍有逆反心理，尤其对于逆反心理特别强的人来说，与其禁止某件事或者鼓励他做某件事，不如利用他们的"反骨"，反其道而行之，更能让他们按照自己的意愿来做。

一位主管就是利用这种“逆反心理”来禁止女孩子在上班时间化妆的。女孩子们在上班时间化妆往往影响工作效率，而且被客户看到会给公司带来很坏的影响，因此公司严禁在上班时间化妆，但屡禁不止。这个命令传到某部门主任那里的时候，那位主任并没有严厉训话或罚款，只是关起门，对自己的员工说：“本来就长得难看，再不让化妆，还让不让人活了！孩子们，化吧，但一定要记住到卫生间化妆。”从此这个部门的女孩子们全部素面朝天，因为谁也不想让人认为自己是因为“太丑”才化妆的。

这就是“反弹琵琶”的好处，往往能够利用人们的逆反心理达到自己的目的。逆反心理是每个人都有的，但是却不适合对每个人都运用，只有对那些逆反心特别强、一定要和别人“对着干”的人运用才能达到更好的效果。

心理智慧：

1.运用人们的“愧疚”心理，在其犯错后不加指责和惩罚，让他自己反省和改过会有更好的效果。

2.对逆反心过强的人，反面的暗示反而比直接鼓励和命令或禁止更有效。

爱慕虚荣者，要给足他面子

日常生活中往往可以看到这样一种人，他们非常爱表现、爱出风头，如果谁不小心抢夺了属于他的光环或者无意中触犯了他的利益，阻碍了他表现的机会，往往会让他气急败坏。面对这种虚荣心非常强的人，我们只好对他“退避三尺”，否则可能引来对方的嫉妒或报复。

虚荣心在《辞海》中的解释为表面的荣耀或虚假的荣誉，所以面对爱慕虚荣者最好的方法就是将表面的荣誉让给他。虚荣心往往是自尊心过盛的一种表现，实质其实是自卑与心虚等深层的心理缺陷。

虚荣心表现在行为上，主要是盲目攀比，好大喜功，过分看重别人的评价，自我表现欲太强，有强烈的嫉妒心等，比如有人喜欢在穿戴、打扮上表现自己的与众不同，于是总穿着奇装异服或者珠光宝气招摇过市等；而有人则盲目与人攀比，即使自己没有能力得到的东西，为了与人攀比，借贷也要去购买；没有能力做到的事情也要争取到机会；有人则热衷于吹嘘、追慕浮华、装腔作势；更有甚者，往往把别人的功劳据为己有，以满足自己的“虚荣感”，容不得别人比自己强，容不得光环戴在别人身上等。

面对这种人，怎样做才能不与之交恶，不受他的陷害呢？虚荣心往往是自尊心的一种过分表现，因此，只要满足他的自尊心，往往就能够让他心甘情愿地让出其他的利益。

王僧虔是南北朝时期著名的书法家，他是书法名家王羲之的第四世族孙，书法丰厚淳朴而有骨力，书法造诣非常高。到了齐高帝萧道成的时候，王僧虔人书俱老，造诣已到了炉火纯青的地步，也就更加不愿意屈躬卑膝，故意折辱自己。萧道成虽是个开明的皇帝，但依然爱慕虚荣，一天他与王僧虔同案挥毫，一比高低，于是问道：“你看咱俩的书法谁的好？”王沉吟了一会儿说道：“臣下的书法在群臣中数第一，陛下的书法在皇帝中为第一。”这种圆滑而不卑不亢的回答令皇帝龙心大悦，哈哈大笑道：“你这个王僧虔呀，真算得上既会奉承别人，又善于标榜自我了。”

这种给别人“留面子”的做法，对爱慕虚荣的人非常有效，因为，对方的虚荣心旺盛，追求的不过是非常虚华的东西，性格往往浮躁，华而不实。他追求的并非实力或者力量，而是“荣誉”，在荣誉上满足他就足够了。

但是爱慕虚荣毕竟是一种错误的意识,如果一味地把面子留给他,往往会增加他对虚荣的爱慕,最终造成非常严重的后果。耿定向在《权子·顾惜》中曾提到过一个故事:一只雄孔雀非常爱惜它的尾巴,它的尾巴也确有过人之处,长尾闪耀着金黄和青翠的颜色,令人难以描绘。一天下雨,它被打湿了尾巴,捕鸟人已经来了,可是它还是珍惜地回顾自己美丽的长尾,不肯飞走,终于被捉住了,可见虚荣总是要付出代价的。对自己的朋友、亲人和孩子表现出的虚荣心,就不能单纯满足他的"面子"而最终害了他。

越爱表现的人往往内心越空虚,因为他自己也知道,自己不过是一个空架子罢了,可就是放不下这个空架子。要让他充实起来,不妨给他更多的认可,这也有助于让他从虚荣中摆脱出来。当然,这种认可最好是他本身的优点,而不是他表现出来的虚荣。比如,对于孩子的攀比心理,家长不妨问问他:"你觉得自己有哪些品格是别人没有的呢?"常常夸奖孩子真正的优秀品格,往往能使他们抛弃虚荣心,脚踏实地地学习和生活。

心理智慧:

1.对于虚荣心重而处于上位者,一定要尽量满足对方的面子。

2.认可和表扬周围人的真正优点,可以让爱慕虚荣的朋友抛掉虚荣,脚踏实地生活。

3.虚荣心危害极大,要尽力使自己和孩子摒弃这种对于浮华名誉的过度追求。

布里丹毛驴效应:给犹豫不决的人来一剂猛药

布里丹教授养了一头小毛驴,他每天都要向附近的农民买一堆草料来喂它，但有一天农民出于对学者的仰慕多送了一堆草料在旁边。这回可为难坏了小毛驴，因为，它不知道先吃哪堆草料好，于是犹豫不决，对比一下数量再看看质量，完全没有分别，于是这头可怜的小毛驴就在犹犹豫豫、无所适从中饿死了。

电影《购物狂》中就有一个角色有严重的选择恐惧症，甚至不能为自己决定一顿午餐，不知道自己到底爱谁。现实生活中我们常常可以看到这种犹豫不决的人，无论挑选什么永远选不定，要么眼花缭乱，要么在两者或者三者之间犹豫不决，以至于错失良机。

跟这种人交往，往往也是一种耗费脑力的劳动，因为他永远处在犹豫选择状态，往往让你也觉得神经错乱。如果身边有这类朋友，最好的方法就是推他一把，因为无论如何决定，都比无法决定要好得多。生活中，人们常常面临着种种选择，而各种选择也肯定各有利弊，如果一味思索、衡量利弊得失，往往会举棋不定，这时候想得越多往往失去得越多，只有迅速决策、当机立断才有可能有所得。

法国一家报纸曾进行过这样一次有奖智力竞赛，“如果有一天，法国最大的博物馆卢浮宫失火了，情况只允许抢救一幅画，你将首先抢救哪一件艺术品呢?”人们苦苦思索，这时候该报收到法国著名作家贝尔纳的答案:“抢救离出口最近的那幅画。”是的，卢浮宫的每一幅画作、每一件艺术品都价值连城、无可复制，与其陷在选择哪一个的矛盾当中，不如随便选择一个，只要能够实现就很值得。

对于习惯于犹豫不决的人，不要替他做决定，因为如果这样，日后他可能因为自己的所选而后悔，最终将责任推到你的头上。最好的做法是，当他犹豫不决时，推他一把，告诉他你认为哪个好一些，把最终决定的权利交给他。这样才可能让他逐渐掌握选择的窍门，最终自己做出决断。

导购员小青在某家服装店里的平均销售业绩是最好的。大家问她原因，小青讲出了自己的一次经历。一次，一个女孩子由朋友陪着进来选购衣服，但是她看上了三件衣服，质量、价格、款式都各有千秋，不分伯仲，女孩子难以决断。身边的朋友告诉她："要么都买走，要么都留下，因为选择哪一件，你将来都会后悔。"这时，小青走过来指着其中的一件告诉她："你穿这一件才是效果最好的，不信你比一比。"

结果，女孩果然觉得那件比另外两件适合她多了，于是选走了一件。销售员们都问她为什么不建议女孩都买走，小青回答道："如果我这样建议了，她有可能一件都不会买。再者做生意要看的是长远，如果客户购买的时候犯难，那么她在以后穿的时候也会犯难，就容易把罪责归到店里，从此不再来。而且，这三件都很漂亮，但只要有人确切地告诉她某一件更漂亮，她潜意识里就会认可那个人的主意和品味，从此选择这家商店的这个售货员购买，只因为她能给她正确的建议。"这番分析引起了一阵掌声。

心理智慧：

1.对于犹豫不决者来说，推他一把，告诉他哪个更适合他，要比"巧舌如簧"更重要。

2.作为这类人的朋友，建议永远比分析要重要，不要告诉他事情的利与弊，也不要告诉他两种选择的优缺点，只要告诉他，你觉得哪种抉择更加好就可以了。

3.如果他犹豫不决，而你又是他身边唯一能够对他提建议的人，那么他就会倾向于认为自己也是这样感觉的，从而将你引为知己，按照你的意愿来做事。

贪得无厌的人，满足他爱占便宜的心理

雨果的名著《悲惨世界》中曾描写了这样一个片段，当冉·阿让试图从德纳第手中救出芳汀的孩子珂赛特的时候，德纳第千方百计阻挠，只不过是为了诈骗出更多的钱。文中极为传神地描写了德纳第的心理："这人虽然穿件黄衣，却显然是个百万富翁，而我，竟是个畜生。他起先给了二十个苏，接着又给了五法郎，接着又是五十法郎，接着又是一千五百法郎，全不在乎。他也许还会给一万五千法郎。我一定要追上他。"他从希望毫无代价地赶走珂赛特到诈骗了一千五百法郎还不甘心，只不过是自己的贪婪所致罢了。对于这样贪心不足的人，最好的方法不是给予他更多，而是将他仅有的一点儿也剥夺过来。冉·阿让错在不应该给得太多，而应该讨价还价。

这段对人的贪心刻画真是入木三分，对于贪婪的人来说，给得越多往往越使他无法满足。现实生活中我们常常可以看到这样的现象，刚开始某同事只是向你借 100 元钱，你痛快地答应了；不久后没有还却又向你借 1000 元，如果这次你再痛快地借给他而且不规定归还日期的话，他半年后就能向你要 10000 元。给予贪婪的人越多，他的欲望越没法满足，就像童话里的老太婆从洗衣服的木盆要到做女皇，他们的胃口往往是无法填满的，而且会越来越大。

面对这种人，只有一个办法，就是学会跟他讨价还价，给他点儿小便宜可占，但永远只是一点点，他希望要 100 元钱的礼物而不付出任何东西，你就只给他 50 元钱的礼物，而且要心不甘情不愿地给，既能够让他知道你的底线，还能够让他满足。这样才能遏制他的贪欲。

世界上永远有那么一种人，总希望所有的便宜都被自己占尽而不付出一点点代价，甚至一点儿亏都吃不得，否则就会重重地报复别人。面对这种人，如果针锋相对，不肯舍掉一点点利益，往往被他仇视，因为他已经被人“让”惯了；但如果任他予取予求，他则会越贪越多，直到你不能承受，而且一旦你拿不出他要求的，还会招致他的仇恨。给他点儿讨价还价的小便宜占，让他意识到自己占了小便宜，但已经到了对方的底线，他就不会再来骚扰你。

有个故事，开车的王平不小心撞到了骑自行车的小李，小李的腿划破了，王平只好带他去看医生，当时小李要求看病的钱王平出，王平没有意见，全部出了。后来，小李见王平大方而且软弱可欺，就要求王平赔偿他的损失费——不能上班，自然会有损失。王平一想“也是应该”，于是就按照他的要求，给了他一笔钱。结果，小李一看，认为王平肯定是个不在乎钱的主，于是狮子大开口，又是营养费、又是请专门护士照顾的费用、又是精神损失费等列了一张清单。王平一看，遇到“碰瓷”的了，立刻要求鉴定事故责任，要求按照保险公司的赔偿准则来实施，结果小李一看这架势，似乎要把已经给自己的钱还要收回去一部分，立刻就要求不必了，“太浪费时间了”。

贪得无厌的人没有适可而止的观念，他们的贪心就像蒲松龄笔下的狼一样，前狼止而后狼又至，没有满足的时候。让对方吃点肉，再挨上一刀，就是让对方适可而止的好办法。当然，内心贪婪的人往往也不可能取得什么大的成就，充其量就是在财物或者荣誉上有一点点贪心，尽管讨厌但不至于做出令人仇恨的事来。

心理智慧：

1.在让着对方之前，一定要让对方意识到，这种便宜是你故意让给他的，而不是他应该得到的，如果不是因为你大方、好心，对方什么都不可能拿走。

2.让对方看到你的底线，而且你有随时反悔的可能，对方就会紧抱着那点儿小便宜快快逃开。

面对疑心重重的人，多给予其安全感

多疑的人往往内心缺乏安全感，对别人的行为和目的总持着怀疑的态度，心中总是疑云重重，所以这样的人往往感觉与其交往的人怀着异心，或者别人说的两句话也要分析过来、琢磨过去，看别人有没有言外之意。

跟敏感多疑的人相处往往也是困难的，因为跟他们在一起时，说话总要小心翼翼，一个笑容甚至眼神也能被他们理解成嘲笑或者敌意，跟他们交往往往很压抑。但世界上总有各种不同性情的人，你也许就会遇到一个多疑、敏感者，怎样相处才能让双方都感觉舒适呢？

说话做事都坦然就能够逐渐减少他的疑心。越是说每句话都看他的脸色越容易引起他的疑心，因为他在潜意识中就认为，会看人脸色说话的人必然心思细密。说话不在意者，他会认为，这个人没有心眼，就是个大大咧咧的人，说什么都是自己的心里话，自然就不会加以怀疑了。越是与敏感多疑的人谈话越应该直视对方，话语坦诚，神情不要躲闪，说话不要拐弯抹角，而应直来直往。

话题应该多涉及对方感兴趣的地方或者对方的优势，多以赞扬、鼓励之类的正面语言去谈论或叙述。这样他就会认为，你的心理起码是光明的，因为你对别人的评述都是看正面的，说明你心中的黑暗面比较少，自然能够消除对方的怀疑。再者，赞扬对方还能够树立他的自信，从而减轻多疑心理，多疑多是由自卑心理产生的，因为对自己不满，所以对他人也没有把握，由此产生了怀疑。

英国哲学家培根说过："猜疑之心犹如蝙蝠，它总是在黑暗中起飞。这种心情是迷陷人的，又是乱人心智的。它能使人陷入迷惘，混淆敌友，从而破坏人的事业。"既然猜疑之心总要在黑暗中起飞，那么，把你的言行都放到光明的地方任凭对方审视，也未尝不是一个消除对方疑心的方法。

历史上，大人物往往容易患多疑症，而且越是有野心且处在危险境地的人就越容易多疑。曹操刺杀董卓未遂，逃回家乡，途中借宿吕伯奢家中，在屋中突然听见后院磨刀霍霍的声音，又听见人说"绑起来再杀"，就怀疑吕伯奢要谋害自己。于是，他冲出去将吕家上下都杀光了，结果搜查到厨房才看见一头猪被绑在这里准备宰杀，才知道自己疑心过重错杀了好人。

很多时候，人们之所以出现猜疑，与有些人喜欢故弄玄虚或者乐意给别人制造"惊喜"有关。遇到多疑的人，一定要首先将自己的行为讲清楚原因和目的，不要让他猜，尤其是对好些身处险境的人更应该如此。当然，野心重且身处上位的人，当不能掌握属下的时候或者被"功高震主"的时候，也容易有猜疑之心，这样的人只要给他足够的安全感，就能消除其疑心，与他和平相处。

秦国大将王翦不但用兵如神，而且善于揣测上位者的心思，消除对方的疑心。秦始皇开始时向王翦请教攻打楚国需要多少人马，王翦说需要60万，而将军李信说只要20万，王翦并没有说什么就称病回家了。结果李信大败，秦始皇亲自找到王翦要他带兵，王翦就借机向秦王要求赐给他良田美宅才肯出战。秦始皇说道"你好好打仗，害怕委屈你吗"，王翦回答道"为大王将，有功终不得封侯，故及大王之向臣，臣亦及时以请园池为子孙业耳"。于是，

王翦带兵60万出征了，途中又五次向秦始皇要“园池”。手下开始鄙视他的为人，王翦道出了其中缘由：“秦王生性多疑，现在把全国所有兵力都给了我，他不会完全放心。我向他讨要房子和地，明里是自己为儿孙打算，实际上是表自己的忠心和没有野心而已。”果然，秦始皇听了王翦的要求，认为王翦为人太小气，这样小气的人野心自然就小，对自己的威胁当然也小，于是放心地放他去带兵。

心理智慧：

1.想要去除别人的疑心，就要千方百计地让他有安全感，不让其感到威胁，如此，他自然就会对你信任又加了。

2.越是与敏感多疑的人谈话越应该直视对方，话语坦诚，神情不能躲避，方能减少对方的疑心。

第8章

进退自如,多个“心眼”就多条路

运用过度理由效应能助你实现心中所想

心理学上有一种现象：人们总是为自己的行为寻找原因，以力图使自己和别人的行为看起来合理，并且一旦找到看似合理的外部原因，就很少能够继续深思下去，这就是过度理由效应。

生活中我们也常常有这样的体验：父母给儿女或者妻子给丈夫买了一件衣服，谁都不会感觉奇怪，因为他们是最亲密的人；然而如果儿媳给自己的公婆或者女婿给岳父岳母送了一件小礼物，长辈们则会感激涕零，因为他们认为你本来不必这样做，可这样做了一定是因为“你想讨得他们的欢心，得到他们的认可”，自然会和你的关系更加亲密。如果陌生人给了你一个小小的帮助，你立刻会感激这个“乐于助人”的好心人。

心理学家们也通过实验证明了这一点：德西和助手们以一些大学生为被试者，请他们分别单独解决诱人的测量智力的问题。实验分为三个阶段，第一个阶段对被试者都不予奖励，结果发现人们都对解题有很高的兴致；第二个阶段，被试者分为两组，A 组不给报酬，B 组每解决一个问题给 1 美元的报酬，结果发现 A 组仍在继续解题，而 B 组在获得报酬时解题十分努力，失去报酬时则明显失去解题的兴趣；第三个阶段，被试者想做什么就做什么，结果发现 A 组所有大学生还在继续解题，而 B 组则完全失去了兴趣。

这个实验说明，人们为了使自己的行为看起来合理，常常要给自己的行为寻找原因，不管这个原因是否差强人意。在做事时，不妨利用这一点，可

以有效帮助你让人们的行为按照你的意愿来实施。

当你想别人的某种行为继续下去的时候，就不要给他找任何外部理由，让他纯粹因为自己的兴趣爱好、自娱自乐地做下去。比如，孩子喜欢弹琴、画画或者做家务，如果你因此而用金钱或者其他手段来奖励他，那么当你忘了施用这种手段的时候，孩子做事的热情就会消减。同样，如果你为了保持别人热情高涨地为你做事，而用薪酬或额外的奖金来奖励对方的时候，暂时的确有效，但时间长了，这种奖励就会成为“过度理由”，效果反而不如从前。单纯的物质刺激很难使人保持持续的热情，想要激发其内在动力不妨使用一些精神上的激励，激发其内在动力。

当你想制止某人的某种行为时，不妨给他找一个明显的外在理由，即使非常不尽如人意也无所谓，然后再把这种奖励撤去，对方自然就不会再去持续这种行为。

有这样一个故事，一个农场主盖了一座庄园，请人们来参观，但很多人都踩踏在草坪上，以至于将草坪践踏得不像样子。于是，农场主写上“禁止踩踏草坪”等牌子但都无效，草坪依然被人们弄得东倒西歪。管家则想了一个办法，他让主人请踩踏草坪的人吃了一顿大餐，结果这件事传扬开来，无数人都享受了几次美餐。后来，主人只是微笑着站在门口，再也不用大餐招待众人了，于是人们失去了拜访的乐趣，农场主又获得了自己的宁静。

当你看到某种显而易见的外部理由并不成立甚至是一种无稽之谈时，不要太快地嗤之以鼻，而要耐下心来寻找真正的内部原因，这样往往能够帮你获得事实真相，更有利于解决事情。比如，一个客户给通用汽车公司打电话抱怨自己的车子对香草冰激凌过敏，只要每次他买的是香草冰激凌，车子就不能发动，而如果是其他口味，车子就会很顺利发动，要求公司帮其“想想办法”。

面对这种奇谈怪论，人们往往会嗤之以鼻，暗示对方是感觉的原因。不过通用汽车公司却没有这样做，而是派出自己的工程师去查找原因。结果发现，因为人们喜欢吃香草冰激凌，所以这个口味的往往单独放在一个冰柜中并放在商店的前端，所以，买此口味的冰激凌用的时间要缩短很多，而买其他口味则要浪费很多时间。问题就出现在多浪费的几分钟上，这段时间可以让汽车的蒸汽锁有足够的时间散热，就能很快重新启动。找到了原因，工程师就向总部报告了这件事情，后来通用汽车公司研究出一种散热更快的蒸汽锁，从而解决了问题，通用的汽车也更加受欢迎了。

心理智慧：

1.要想达成愿望，就不要为人们的行为寻找物质或外在刺激的理由。

2.想要禁止一件事，就为人们的行为寻找或制造一个理由，然后把理由撤掉，人们自然就不做了。

踢猫效应：保持清醒，克制自我

有这样一个故事：某公司董事长早上看报看得太入迷以致忘了时间，为避免迟到，他超速驾驶了，被警察开了罚单，最后还是误了时间。这位董事长愤怒之极，于是将销售经理叫到办公室训斥一番。销售经理挨训之后，气急败坏地将秘书叫到自己的办公室并对他挑剔一番。秘书无缘无故被人挑剔，自然一肚子气，就故意找接线员的茬。接线员无可奈何回到家，对着自己的儿子大发雷霆。儿子莫名其妙地被父亲痛斥也很恼火，便将自己家里

的猫狠狠地踢了一脚。

这就是人与人之间的"泄愤连锁反应"，这是因为一个人心情不好时，潜意识会驱使他选择下属或无法还击的弱者发泄，所以人的不满情绪和糟糕心情一般会沿着等级强弱组成的关系依次传递，由金字塔的顶端一直扩散到最底层。

人的情绪是会传播的，因此，我们一定要学会控制自己的脾气，保持情绪稳定、头脑清醒，这样才能给自己和对方都留出一定的天地。在生活中我们常常可以看到，一个人会因为批评或者某些烦心事而心存怨气，这些怨气往往以对别人发怒的形式散出来，从而引起别人的怨气，反而容易激发更多矛盾。

即使人际关系日后能够弥补，造成的伤害却不可能一时间平复，人际关系受到的损伤也会永远存在，虽然向弱者发泄会将这种危害降得低一点，但谁又保证那个"弱者"以后一定不会和你成为平级或者对手呢，而他受到的"怨气"又怎能保证不会变成"报复"的理由呢？再者，胡乱发脾气还会给工作带来混乱，负面情绪会影响工作的效率，使得"士气低迷"，最终导致工作受阻。

三国时，张飞脾气非常暴躁，他在阆中镇守时，听说二哥关羽被害，旦夕号泣，血泪衣襟，并喝得酩酊大醉。酒醉后，怒气更大，帐内帐外，只要士兵有过失就鞭打他们，以至于多有被鞭打至死的。他还下令军中，限三日内制办白旗白甲，三军挂孝伐吴，但属下张达、范疆禀告一时无法完成，张飞鞭打了二人，并威胁完不成就将二人斩首。张飞这天夜里又喝得大醉，卧在帐中。范、张二人探知消息，初更时分，各怀利刀密入帐中，就把张飞给杀了。

一员勇猛大将只因为不能控制情绪，随意迁怒他人，就被手下杀害，可见负面情绪随意发泄的严重性。我们只有保留一定的清醒，用宽容的态度对待他人，不随意发泄脾气，才能保住自己的权威和风度，才可能使众人心悦诚服。

每个人都会遇到压力，都会有不高兴的时候，这种情绪随意发泄出去容易造成严重后果，憋在心里又容易使自己身心受到伤害，怎样才能保持心理的平衡状态呢？

其一，要学会“制怒”。面对突发事件要控制住自己的情绪，厌烦、压抑、忧伤、愤怒等消极情绪会造成紧张甚至是充满敌意的气氛。即使你没有迁怒、打骂他人，他人也会因为你脸上的怒气或者面无表情的脸而产生惧意，而这样的坏情绪会直接影响周围人的情绪。所以，当情绪变坏时，一定要让自己冷静下来再去面对他人。将脾气控制在一定范围内，先处理好自己的心态，再去处理事情，长期坚持下来，就能够控制自己的怒气，做到自己的情绪不影响他人。

其二，学会正确地发泄，而不要随意迁怒他人。怒气长期憋在心里，对自己的身体和心理健康都是有害的，因此一定要学会正确发泄或疏导自己的不良情绪。可以将自己心中的愤懑和不平向关系亲密的人倾诉，得到他们的安慰，或者仅仅是倾诉也能够消除你的怒气；向使自己愤怒的人说明你的不满，并谈出自己的意见，往往可以使矛盾解除；用恰当的方式发泄自己的不满，比如打拳泄愤等，都可以将怒气发泄出去。

心理智慧：

1.愤怒时千万不可乱发脾气迁怒他人，可以暂时回避使你愤怒的环境，避免刺激。

2.发怒前一定要尽量使自己冷静下来，再决定怎样做。

3.找到合适的发泄渠道，才能保持心态平和。

以退为进，在对方心理放松时占据上风

兵法上有一条“后发制人”，意为等对方先动手，再抓住有利时机反击，制服对方。在看不清形势或者彼此之间对峙过于紧张、己方处于弱势的时候，运用它，反而可以给我们带来先机。

拳头退回去是为了更好地出击，生活中我们也往往可以看到这样的事例：长跑当中，人们往往保存实力，直到临近终点时，再加以冲刺，刚刚位于第二、第三者反而成为冠军；尺蠖在爬行之前，总是先屈起身体，然后再求伸展；谈判之前，总是先叙旧情，等到对方心理松弛下来了、气氛融洽了，再锱铢必较地讨价还价，反而能够争得更大的利益，这就是多维的“以退为进”之道。

历史上有很多战争都是利用以退为进的，总是首先避开对方的锐气，当他们心理放松时再加以进攻，往往就能取胜。在《左传·庄公十年》中记载了一段《曹刿论战》的故事，鲁庄公十年春，齐国军队来攻打鲁国，鲁庄公准备应战，曹刿求见，并参与了作战。鲁齐军队在长勺作战，庄公开始打算命人击鼓进军，曹刿不答应，并仔细听着齐国的军队敲鼓，直到对方敲了三次鼓才说“可以进攻了”，后来果然大胜。庄公问他这样做的原因，曹刿回答道“一次击鼓是为了振作士气，勇士可以出击，这时出战就是硬碰硬，弱国容易吃亏；二次击鼓士兵的勇气就低落了；三次击鼓对方的勇气就消失了，这时迎敌，他们的勇气消失、我方士气正旺，才能毫不费力地大胜。”

这就是进退之道，打好时间差，等到对方心理放松、疲惫的时候，再加以进攻，反而能占上风。人们往往急于解决事情，于是总遵守着“先发制人，后发制于人”的原则，总是迫不及待利用对方没有准备好的时候，迎头猛击，以期望一举成功。这是在对方对形势不了解或者没有准备好的时候才能运用的战略。

事实上，相对的双方很少互不了解或者没准备好。在现代这个资讯发达的时代，任何事情都能够在几个小时甚至几分钟内了解清楚，准备好。谈判双方的实力都是对等的，能够拼的也就是谁的心理素质更好，谁更有耐心，所以更要讲究“以退为进，后发制人”。

曾有这样一个商战故事，某公司老板突然病逝，其女儿 A 接管事务。有些客户便开始出现了轻视之心，要求将原料的价格提高，这样就提高了 A 的成本，而且其他供货商肯定也会群起效法。A 本来是不想答应的，但通过协商之后发现不可能，因为合作合同还在期限之内，对方又是长期供货商，于是就先答应了下来。后来，她分析发现，对方的供货能力似乎不足，于是要求加紧供货进度，必须保证进度和质量地进行供货。

对方看她已经答应了提高价格的条件，以为她年轻软弱，便一口答应，后来果然在进度和质量上都出现了问题。A 一口气将对方告上法庭，并解除了原来的合同，其他供货商见 A 如此强势，再也不敢轻视她。

正是她之前的“示弱”“退让”让对方有了轻视之心，才能让她顺利地获得杀鸡儆猴的机会。真正的聪明并不是一味强势、咄咄逼人，而是在自己弱势的时候适当退一步。因为退让可以降低他人的警惕之心，可以让自己获得更多的时间和余地与对方周旋。

人们常说“老虎也有打盹的时候”，只有趁对方放松的时候出手才有必胜的把握。一个人想要成功，就必须要精通进退之术。不要在对方风头正盛的时候挫其风头，而要在他喘息之际进攻，尤其当双方的实力有巨大悬殊

的时候更应如此，首先避其锋锐，才有可能得到反击的机会。

心理智慧：

1.不要在第一时间与他人针锋相对，不要在他人全神戒备的时候做事，否则效果甚微。

2.无论做事还是与人交往，一定要趁对方放松的时候乘虚而入，如此才能达到最好的效果。

3.要学会示弱和后退，这样才能海阔天空，为自己争取更大的反击空间。

蓝斯登原则：凡事进退有度才留有退路

美国管理学家曾提出蓝斯登原则，即往上爬的时候一定要保持梯子的整洁，否则下来时你可能摔倒。这就是提醒人们，一定要看得长远，既要向前看，不做后悔之事，又要向后看，为别人留好后路，也就是为自己留好后路，保持进退有度，不做于事无补的仇恨之举，最终达到成功。

如果一定会有后退的话，一定要在前进之前就为自己留好退路；如果要前进的话，一定要在之前就铺好前进的道路，才能够使自己不会进退维谷。人生一定会有顺境和逆境，处在顺境之中千万不可得意忘形，就算是为了以后身处泥潭之时有人能够拉你一把，也要为自己结交几个信得过的朋友。

在《史记·秦本纪》中记载了这样一个故事，秦穆公丢了一匹马，派人去追查寻找，结果发现原来马被岐山之下的乡里人捉到吃掉了。官吏抓到那些吃马人，准备严惩，秦穆公不忍心，于是劝道："君子不因为牲畜而伤害人。我听说吃良马肉不喝酒会伤害人。"于是，秦穆公赐酒请他们喝，并赦免了这些人。不久后，秦国与晋国大战，秦穆公被晋军包围，面临生命危险。岐山的乡人听说了，拿起武器，飞驰着冲向晋军，“皆推锋争死，以报食马之德”，不仅使秦穆公得以逃脱，还活捉了晋君，最终使得秦穆公成就了春秋霸业。

为已经失去的东西迁怒他人，是最不明智的举动；为愤怒怨恨报复他人，就会失去自己的退路，为自己的前路设置障碍。良马被杀，秦穆公虽然愤怒，却没有丧失理智，因为知道良马已经被吃，惩罚那些乡民也于事无补，反而可能激起民愤，只好宽恕他们，并赐美酒让他们在愧疚之余感恩戴德，才最终得到了回报。

人们常说“好人有好报”，谁都不可能知道最终谁会救你于危难之中，只有平时多做好事，广积善缘，才能在关键时刻有人帮。那些得意之时飞扬跋扈，不把他人看在眼里，到处得罪人的人，难免最终会被人落井下石。

得意之时不忘形，失意之时才能不落魄。为人宽厚，不骄不躁，宠辱不惊，才能在进路、退路上都平顺。大概是人们对得意的人都有一份嫉妒吧，如果他本人懂得低调，还能够让人们产生敬佩之情。得意而不知收敛，不懂得谦虚，狂妄自大，任性而为，别人就会因为这种狂妄而更加嫉恨、敌视他，日后遇到危难，自然没有援手。

唐太宗时期，杨贵妃的哥哥杨国忠飞扬跋扈，不但身任宰相，还身兼四十余职，朝中很多官员都是任由他提拔、拉拢的。他出行时，每每持剑南节度使的旌节（皇帝授予特使的权力象征）在前面耀武扬威，甚至还和李林甫一唱一和陷害太子李亨，在京师另设立推院，屡兴大狱，株连太子的党羽数百家。这种态度引起了很多朝臣的不满。

安史之乱初期，玄宗逃往四川，走到马嵬坡时，太子李亨、李辅国和陈玄礼认为，除去杨国忠的时机已成熟，于是由陈玄礼出面对将士进行煽动，说这场叛乱全是由杨国忠引起的，杀了杨国忠就可止息叛乱。愤怒的士兵们立即将他包围起来,大喊:“杨国忠与吐蕃谋反!”一箭射中了他的马鞍。杨国忠逃进西门内,军士们蜂拥而入,将其乱刀砍死。可想而知,如果平时杨国忠没有那么飞扬跋扈,恃宠而骄,不给自己留后路,士兵们怎么会轻易被煽动并杀死他呢?

曾国藩在持家教子方面有他自己的主张,他认为自己在外面有权势,家中子弟最容易“流于骄,流于佚”,并认为“福不可享尽,有势不可使尽”。因为富豪之家,即使没有人骄奢淫逸、飞扬跋扈,也足够令别人嫉恨、虎视眈眈的了,何况“授人以柄”?这才是一个知进退的人应该做的事。

心理智慧:

1.得意时要为以后留下退路,为自己结交好援手,才能够在困境时有人相帮。

2.懂得宽容别人,才能为自己留好退路。

3.宠辱不惊,得意时不骄横,失意时才不会黯然,这就是进退之道。

交往适度定律:施恩也该有度

中国古语曾说“一斗米养个恩人,一石米养个仇人”,在人际交往中切不可过度投资,否则引来的可能不是对方的感激和亲近,而是对方的厌烦和疏远。适当的付出并索取应有的回报,才能在付出与回报的过程中加深两个人的交流和感情,从而加强自己的人际关系。

互惠原理告诉我们,人们对别人给予的好处总想进行同等程度的回报,所以人们之间的交往是一种互动的过程,如果你一直付出,不计较别人的回报，你们之间就会因缺少了“互动过程”，而使得对方的情感麻木，自然就产生不了你希望的友情。所以，对别人好也要适度，如此才能得到相应的回报；否则过度投资，别人就会将这种“投资”视作“理所应当”，而不加回报，甚至当你不能再对他施加恩情的时候会产生仇恨。再者，如果一个人的恩情大到了“无以回报”，就无法得到别人的回报，就像一件“无价之宝”，你能够用其他价值来衡量它吗?

日常生活中我们常常会看到这种景象：父母拼了命地疼爱自己的孩子而不求任何回报，使得孩子不懂得感激与回报，直到成家立业后还在“啃老”；如果父母力有不逮，就仇视父母不能给自己更好的生活。长期“被施恩”的某个山村孩子，最后却要供养其上学的人帮忙找工作；受过他人大恩的人会“恩将仇报”，背叛自己的恩人；自己为之付出一切的爱人突然有一天会背叛自己，甚至爱上一个不爱他的人。

这就是过度付出的后果，对人过分的好带来的反而是远离。心理学家霍曼斯曾提出，人与人的交往本质是一种社会交换。这种交换同市场上的商品交换所遵循的原则一样，就是人们希望在交往中得到的不少于付出的，但是如果得到的大于付出的，也会让人心理失去平衡，使人感到无法回报或没有机会回报，而在心理上产生愧疚感。

这种心理会使受惠的一方选择远离，因为对于一个理智健全的人来说，独立和付出是个性成长的需要，如果因为你的付出而使得对方无法独立、不能付出，就会引起对方的憎恨。如果人际交往中不能满足成长的需要，这种关系维系起来就比较困难。

姗姗是某公司的文员，她为人诚恳，常常为别人跑腿办事，事事为别人着想，主动帮助别人，很多人有了困难总是首先想到她，让她帮忙，但和她的关系却并不密切。同事们往往是用人时热情十足，过后甚至没有一声感谢，就算公司新来的员工过不了多长时间都会对她蔑视或者不理不睬。她的同事小萱刁钻刻薄，一张嘴从不饶人，帮助别人做点事一定要找点理由，人们虽然不喜欢她，但和她比较亲密，也不敢随意招惹她。

其实这并不难理解，人们常说“滴水之恩，当涌泉相报”，那么涌泉之恩呢？估计是无以为报，只好疏远不要让自己过于“愧疚”吧。再者，人们普遍喜欢和别人的感情递增，而不喜欢递减，如果一开始对人“过好”，哪还有“递增”的余地？所以那些一眼看上去完美无缺的人，往往人们对他的期望越来越高，最终却会发现总是让自己失望，于是远离。而那些自私、刻薄的人却往往能够通过与别人的相处，让人发现出更多的优点来，从而与他更加密切。

对于人际交往不熟悉的人，往往喜欢“把好事一次做尽”，以为自己全心全意对别人好，就能够使彼此间的关系更加融洽，实际上却只能使别人离你越来越远。给别人留一点儿回报你的余地，给你们之间加一点儿距离，才能让他人更畅快地呼吸，你们之间才会有更亲密的可能。不要让自己的好太廉价，否则别人就不容易珍惜，你的好久没有任何价值了。只有对别人恰当地好，才能让人愿意和你交往。

心理智慧：

1.对人好要有个度，有付出一定要期望回报。

2.在别人最需要的时候去帮助他，但不要太多，才可能使他对你产生感恩之情。

3.不要让自己的感情、帮助太廉价，否则就没有被珍惜的价值。

蔡戈尼效应：有了开始才会有结果

蔡戈尼效应是指，人们天生有一种办事有始有终的驱动力，如果一件事情尚未完成，人们就会有进行下去的动力；如果工作已经完成，或是想要完成某件事的动力已经得到满足，人们通常就会把这件事情忘记。

这也可以解释为什么人们会觉得"婚姻是爱情的坟墓"，因为婚姻是爱情的一个段落，人们常常认为到了结婚，两个人的恋爱就有了圆满的结果，所以逐渐就会把这件事忘掉。为什么"得不到完不成的才是最好的"？就是因为得不到即意味着没有完成，有头无尾，自然会印象深刻。为什么人们对新朋友往往比老朋友热情？因为对于结交这件事，新朋友是还未完成的，老朋友是已经完成的，所以对和新朋友的关系往往有热情维持和结交，对老朋友则淡漠了很多。这就是蔡戈尼效应在起作用。

心理学家蔡戈尼曾做过这样一个实验：把被测试者分为两组，同时演算一样的并不难的数学题。在实验过程中，第一组的演算直到完成才被打断；而第二组在演算过程中就被突然下令中止了，然后蔡戈尼要求两组人员分别回忆验算过的题目，结果却表明第二组明显比第一组记得清楚。这是因为那种没有完成任务的不舒服、不甘心十分深刻地存留在第二组人的脑海中，而且大脑是在全神贯注的过程中中断的，印象自然更加深刻；而对于"完成任务"的第一组来说，"完成欲"得以满足，自然就忘了任务内容。

所以，如果想要一个人对你有深刻的印象或者有做事情的热情，就要千方百计给他一个开始的借口,而不要有完成的印象。这样就能促使对方热情地持续下去,而不至于使你们之间的关系“冷掉”。

一位作曲家非常爱睡懒觉,妻子为了他能够早上起来练琴,就在钢琴上故意只弹出一组乐句的头三个和弦。作曲家听完之后,总是辗转反侧,不能入眠,不得不爬起来,完成最后一个和弦,然后再坐在琴凳上练习一段时间。我们也常常有这种感受,一件事一旦没有完成就算是夜不寐宿也要把它完成,否则就连觉也睡不好,这就是蔡戈尼效应的原因。

对于必须要完成的任务,即使再艰难也要迅速迈出第一步,因为第一步开始了你就会自然地去完成它,如果总是拖拖拉拉就不容易完成。让自己在行动的道路上迈出第一步,才可能有始有终地坚持下去。你希望别人持续热情地做某件事,一定不要让他又完成了、可以松弛下来的感觉;可以暂时歇一歇,却不能让他完成后忘记,在婚姻生活中更要如此。

告诉对方,婚姻只是一个开始,你们还要经过相处地磨合、共同生活、养儿育女,不断付出和回报,这样才有可能幸福下去。彼此都不要停下追逐,才可能在过程中一直维持热情和兴趣。

对于某些你不可以做的事情就一定不要开始,比如在工作的时间内,一旦想玩游戏,只要你开始了,就会浪费半个小时甚至更多时间,因为你要“完成它”,才会有停下来的可能。如果不想自己“成瘾”,就要在开始之前就“禁止”,否则就可能持续下去,耽误正常的工作。

一个孩子总习惯放学以后直接看动画片,总对妈妈说“我看两眼就去写作业”,甚至到吃饭的时候也不停下来,直到动画片播放完再去吃饭和做作业,大家都非常伤脑筋。最后,妈妈决定买一张动画片的光盘,但在完成作业之前绝对不允许孩子看。开始时,孩子很不适应,注意力总是不集中,但不久就能全神贯注做作业了,这时就算放光盘,他也没心情看,总是完成作业、吃完饭后再集中精力看动画片，就这样妈妈改变了他的坏习惯。

这是一个好方法，但是也绝对不可以因为蔡戈尼效应的控制，就把自己变成一个工作狂，不完成就绝不停下来。知道人有完成的驱动力，同时也要控制这种驱动力，既不要“三天打鱼两天晒网”，做事总是半途而废，也不要非要将任务一气完成，不完成不罢休。一定要让自己慢慢去调试，按照自己的计划去做事，才能既有利于完成任务，又有足够的时间和心情去享乐。

心理智慧：

1.对于困难的事情，一定要求自己马上去做，就能够“有始有终”地完成。

2.不能做的事情，一开始就要禁止，不要找借口让自己开始，否则就会停不下来。

3.想要别人的热情不消失，就不要把“已经完成”的印象给他。

4.适当调节自己做事的节奏，不要让自己变成一个工作狂。

第9章

激活头脑,凡事都能出奇制胜

手表定律：要胜利，首先要明确目标

手表定律来自于一个寓言故事：森林中生活着一群幸福的猴子，日出而作，日落而息，非常有规律。一名游客穿越森林，丢了一只手表，被猴子猛可捡到了。聪明的猛可很快懂得了手表的用途，猴子们都向它请教准确的时间，猴群的作息计划也交给猛可来管理，猛可当上了猴王。

但好景不长，猛可又捡到了第二只手表、第三只手表，但每只手表显示的时间都不尽相同，这个问题把猴王难住了，猴群的作息时间也开始变得混乱。不久，猴群因为猛课的时间不再确切，起来造反，把猛可推下了猴王的宝座，但新的猴王仍然面临着"猛可"的困惑。当然，幸而只有猴王拥有手表，如果有两三个猴子分别捡到了手表呢？它们的生活会不会更混乱？

所以这个故事的含义是，只有一只手表，你可以知道时间；拥有两只或以上的手表，并不能给你更准确的时间，反而会制造混乱。心里面必须只有明确的目标，才有成功的可能。人生想要成功就必须在某段时间内只做一件事，否则想要同时达到几个目标，或者挑选几种不同的价值观或原则，你的生活就会陷入一片混乱。

每个人都是有贪心的，往往希望达成多个目的，希望得到更多肯定，希望拥有更多才华，希望可以在更多领域发挥光芒，但是，供给人选择的道路却是有限的。你必须选择一条最近的道路，选择可以达成的目标，才可能最终有美好的结果。无论选择多么多，愿望多么美好，只有能够实现的那一个才是最有意义的。

有一个明确的目标，有一套行之有效的行动准则和道德基准，一个企业才可能更好地运转，一个人才可能更快成功。在同一段时间内，不要让自己同时做两件事，不要让自己有两个目标，才能够使自己更明确前进的方向，更确定自己的行为是否准确，否则就可能走很多弯路，弄得自己的生活一塌糊涂。

某个企业面临着这样一个难题：他们生产出一种新产品，这种产品目前在市场上还没有，但是别的公司也在研究，他们虽然搞出来了，但质量还不太稳定。于是，他们面临着是占领市场还是继续改善产品质量的难题，一时之间难以决策。最终领导指示，一边将产品推向市场，占领市场份额，一边改善产品质量。

但不久以后，他们发现，他们的产品被对手买去进行了研究，并推出了改良款，迅速占领了更大的市场。其实，如果他们能够安下心来研究，直到把质量做好再推出，就可能让自己的产品更有知名度；如果他们一门心思占领市场，那么别人就不可能后来居上。正因为两件事都要做，消耗了公司的全部精力，结果才两件都没做好，导致公司运行也陷入两难。

明确的目标才是制胜的关键，一个公司只能有一种理念，这样才能把所有精力都凝成一股力量，而不是在犹犹豫豫中失去所有。人们教育孩子也常常陷入这样的误区：爸爸经常扮黑脸，批评孩子；妈妈常常伴扮红脸，安慰孩子并批评爸爸。这样常常使孩子不知所措，无所适从。因为没有一个统一的行为准则，孩子长大了也不容易分清是非，做事犹豫，不能果断。公司发展也是一样的道理，绝不能被不同的价值观所左右，否则就会失去前进的方向。

美国在线与时代华纳的合并就是一个失败的案例。美国在线的企业文化强调操作灵活、决策迅速，一切以占领市场为目标；时代华纳则注重强调诚信之道和创新精神。按说这两者结合应该是速度与质量的完美结合，但是高层管理并没有实现一个统一的认识，没能解决价值观的冲突，导致员工失去了方向，合并最终以失败告终。这就是两种价值观和行为准则冲突带来的灾难，一定要防止出现这种情况，做事才不会陷入混乱。

心理智慧：

1.做事时，制订出的目标一定要明确，不能模棱两可，确切的目标才能指导出确切的行为。

2.要求别人或教育别人，一定要有一套相同的准则，否则就可能导致对方无所适从。

3.一个组织不能同时由两个人来指挥，一件事情不能同时由两个人来做，否则当这两个人的方法不一致的时候，就会产生“内耗”。当然，两个人中如果有一个“主导”、一个“辅助”，就好办多了。

4.一定要懂得取舍，该放则放，不要贪心。

奥卡姆剃刀定律：简单比繁复更易获得轻松

奥卡姆剃刀定律是由14世纪逻辑学家、圣方济各会的修士威廉提出的，这个定律被人们简化为“如无必要，勿增实体”，即“简单有效”定律。这个定律原本用于哲学领域，因为威廉对哲学中“共相”“本质”之类的争吵感到厌倦，于是提出了唯名论，即只承认确实存在的东西，对于那些空洞无物的普遍性要领认为都是无用的累赘。

后来人们把这个定律普遍用于生活中的方方面面，比如管理领域的化繁为简;军事方面的“精兵简政”;服装领域,香奈儿提出的“去掉蕾丝、拿掉花朵、删去褶皱,最简洁的线条造就最独特的风格”;生活领域的“简单生活,简单爱”,几乎在生活的方方面面都可以看到人们利用这个定律找到最简单的做事方法。

做事、做人都要用对心思,掌握方法。与其揣测别人的想法,不如直接按照自己想做的去做,直接表达自己的心思和原则,也许还能求同存异,结交到真心的朋友。心理学其实很简单,说穿了不过四句话:把自己当成自己,把别人当成别人,把自己当成别人,把别人当成自己。前两句话就是不要你随意以自己的思想去揣摩别人,而要尊重他人;后两句话要求你以旁观者的身份去评判自己的举动,把别人当成自己一样去体会,将心比心。如果能做到这四句话,就进入了“圣人”的标准,为人自然无往而不利,能够吸引自己喜欢、敬佩的朋友在身边。

做事也是这样,找到事情的根结,一刀斩下,往往能够斩断乱麻,使事情变得明朗化。威廉修士曾经在箴言上写道:“切勿浪费较多东西去做用较少的东西同样可以做好的事情。”动动手就能做好的事情,为什么非要把事情想得过于复杂呢?快刀斩乱麻的方式虽然直接、生硬,但往往有更好的效果。当你觉得事情过于繁杂,绕不过去了,委婉的方式已经用尽,曲折的道路已经走尽,不妨直接一些,绕开迷雾,剔除干扰,直指真相,反而能够让自己轻松一些。

这里有段“亚历山大传说”也许可以证明这个方法是十分可靠的。亚历山大是马其顿国王菲利普斯的儿子,他从小就抱有将欧洲和亚洲融合的崇高理想。父亲死后,他继承王位,统一了希腊,开始进攻亚洲的波斯,并远征阿富汗和印度。公元前333年,他率兵侵入阿拉伯半岛,并占领了格尔迪奥恩,那里供奉着宙斯的神殿,神殿中摆放着一辆古老的战车,战车上有当时非常著名的“奥尔格斯绳结”，是一位智者用非常巧妙的手法打上的，传说中解开它的人能够统治亚洲。亚历山大听后，造访了这座神殿，并从腰中解下佩剑，一剑将绳子斩为两段，用最简单的方法解开了绳子。最终，他果然建立起一个西起古希腊、马其顿，东到印度恒河流域，南临尼罗河第一瀑布，北至药杀水的以巴比伦为首都的疆域广阔的国家。

“把复杂的事情变简单是一种本事”，很多时候，正是所谓的技巧和策略把一切都变得更加复杂。在今天，企业管理越来越复杂，组织不断膨胀，制度越来越繁琐，文件越来越多，我们的效率却越来越低。生活也是这样，我们拥有的越来越多，幸福却越来越少；选择越来越多，却越来越恐惧选择；结交朋友的方式越来越多，真情却越来越少；终日忙忙碌碌，应酬来应酬去，成效却越来越小。

真正的原因不是我们的方法越来越少，而是用的手段越来越复杂而无效。做事情想要出奇制胜，就应该用最简单、最有效的方法。处理事情时，如果能够把握事情的本质，解决最根本的问题，事情就能顺利完成。为人处世方面也是如此，讲究顺应自然，不要把事情人为地复杂化，这样才能把事情处理好。

心理智慧：

1.不要被细枝末节阻碍了视线，把握住事情的本质才能快速有效地解决好它。

2.不要人为地把事情复杂化，事先不要揣测别人的心思，直冲目标而去，简单一些反而轻松。

霍布森选择效应:别固守原有的选择

日常生活中我们常常会看到这种现象,幼儿园的老师说:“我们今天讲《乌鸦喝水》的故事好不好?”如果大家都回答好,而只有一两个小朋友说想听《喜羊羊》或者《哪吒闹海》,老师真的会改变自己的决定吗?其中的“好不好”只是象征性的,根本没有给出其他的选项,当然就别无选择了。这种让别人别无选择的询问方式,就叫做“霍布森选择效应”。

它来源于一个故事,英国商人霍布森贩马的时候,把马匹放出来供顾客挑选,但附加上一个条件,只许挑选最靠近门边的那匹马,然而门又小又窄,高头大马根本出不来,可供选择的不过是瘦小的马,显然这个附加条件就是不让人有选择的余地,于是被人们讥讽为“霍布森选择效应”。

事实上,如果你总是面临两个或者多个大同小异的选择,你的思想就会陷入僵化,没有创造性。这是因为,人的思维在以往经验的支持下往往会有封闭性和趋同性,封闭性让我们看不到更广阔的客观世界,趋同性让我们的思维总是顺着一个方向而不去寻找新的视角。如果这种思维在心理上长期沉淀,就会进入单向选择层面,自然遏制了人的创造性和思维的多样化。

这种现象并不难理解,假如你是一个医科大学的学生,毕业后,你想选择的不过是进入哪所医院学习,在哪个科室进行发展,是继续考研还是实习,是自己创立诊所还是去医院工作。这一系列的选择事实上只是一个选择——都是在医学院毕业的基础上进行的,都是进行与医学相关的选择,选择的目的都是为了自己能够过上更好的生活。

这种选择就是僵化的。鲁迅先生也曾学医,因为他从父亲的病和其他经验认为“中国的弱在于体质上的病弱”;后来懂得了这种弱在于“精神上的麻木”。于是,他果断放弃了从医这条道路,选择了“从文”——从精神上解除中国人精神上的病态和麻木。今天,哪位医科学生敢于在医科大学毕业的情况下去选择一个全新的职业呢?哪位敢于直冲着自己的目标而去,而不管用哪种手段呢?

这就是僵化性选择与创新式选择最大的不同,当你看到面前只有一条路可走的时候,这条路往往是错误的。因为世事无绝对,你的道路又怎么可能只有一条?选择肯定是多种,只不过你还没有发现而已,只要把那个“霍布森选择效应”中的门去掉,你就能看到更多的选择。

在现实生活中把你的选择基础去掉,比如把“你想听哪支歌”中的“哪支歌”去掉,你就会有看故事、做游戏、聊天、睡觉等选择。做决策的时候,也要找出下意识中的“基础”,然后去掉它,这样就拥有更多选择。比如,“将从本公司选一个部门经理”常常就等于“从矮子里拔将军”,而如果把“从本公司”这样的基础去掉,你拥有的选择范围就宽大了很多。这样就能够从固定的选择中跳出来,思维自然也更加活跃、更富有创造性。

20世纪50年代,全世界都在研究制造晶体管的原料——锗,大家就陷入了一种“霍布森选择效应”,即用哪种方案可以将锗提炼得更纯。数位科学家经过数年的努力,发现总免不了会混进一些物质,而且每次测量都显示了不同的数据。于是大家进行了反思,为什么要进行提纯呢?无非是认为提纯才可以制造出更好的晶体管,但这个假设性的结论到底是否正确却是无法证明的。于是他们放弃了证明这一结论,而是考虑,如果锗是无法提纯的,那么什么样的锗才可以制造出更好的晶体管呢?他们另辟蹊径,即有意地一点一点添加杂质，看它究竟能制造出怎样的锗晶体来。结果在将锗的纯度降到原来的一半时，一种最理想的晶体产生了。发现这一结论的江崎博士和助手黑田百合子获得了诺贝尔奖。

当你意识到某条路很可能是错误的时候，就要把以往的选择基础拿出来看一看，审视自己是否落入了一个设限选择的怪圈，只有跳出这个怪圈，才能发现更多有效的方法，走上正确的道路。

心理智慧：

1.充分了解更多更客观的信息，就是从固有选择中跳出来的基础。如果只是跳出来而不懂得应该有怎样的方向和决策，那么，“跳出来”就是不安全的。

2.在选择之前要充分了解各方面的信息，包括与你的思维方式相反的信息、不相关的信息等。

3.把这些信息组合起来创造出一条新的道路。

人际吸引增减原则：让好感逐步递增

人际吸引增减原则，是社会心理学中的普遍现象，即人们总喜欢得到的东西递增，无论这种东西是物质上的奖励，还是精神上的表扬。

美国社会心理学家阿伦森曾就这一现象进行过一组实验，将被试者分为4组，然后加入一位研究者的助手，混入被试者当中，并担当这些被试者的临时负责人。在实验的休息时间，这名助手会离开被试者向研究者汇报情况，然后谈到对其他被试者的印象和评价，当然这种评价可以被被试者听到。

第一组，始终得到助手的肯定评价。

第二组，始终得到助手的否定评价。

第三组，先得到否定评价，然后逐渐评价升高，最后到非常肯定、赞扬的评价。

第四组，先得到肯定评价，然后逐渐降低，最终否定。

然后，这四个组被要求给助手的行为评分。结果显示：第一组的评分是+6.42，第二组为+2.52，第三组为+7.67，第四组为+0.87。结果表明人们往往喜欢别人对自己的评价递增，而最讨厌别人对自己的评价递减。

现实当中，有些人非常有心计，善于利用这个效应，虽然并没给你什么恩惠，却能够让你对他感恩戴德，比如糖果、蔬菜售货员们，常常将你需要买的分量放少一点儿，然后再慢慢加上几个并告诉你“这次送你几个，下次还来”。顾客就会特别高兴，其实不过是原本的分量而已。人们批评别人时，总是打一巴掌再给一个甜枣，从而削弱对方对批评的反感心理。在自我表现之时，总是先表现出自己平凡的一面，然后再为自己身上逐渐增加亮点，这就是有效利用了这一原则。

做事时，如果能够自动运用这一原则，就会收到非常好的效果，而如果不能自觉运用或者利用反了，做事就会费力不讨好。

清和云是同时进入某公司的员工。刚进入公司时，都有一段时间面对工作束手无策，而且人际关系也陌生，受到排斥，但清和云的应对方法则不同。清总是尽心尽力做好自己的一切工作，有时间还帮助同事打打文件、扫扫地、倒倒水，人们总说她是个勤奋、善良、能力不错的好姑娘。云则不同，她不会轻易帮助别人做事，如果别人提到要她帮忙做一些小事，她往往会趁机请教别人一些不懂的问题，人们都感觉她似乎比较势利，但这种“势利”也并不引起反感。

一个月以后，同事们对她们的评价是都非常努力，但清要优秀一点儿，主动一点儿，融入也比较好。但时间长了以后，清认为自己没有义务总帮别人端茶倒水，整理、复印文件，应该努力在自己负责的业务方面有所表现，于是就懈怠了一些，人们看她的眼光也就变了，以为她原来只是在“装腔作势”，而云还是像以前一样做事，只不过在清的衬托之下，人们更加喜欢她。

云就是典型自觉运用“人际吸引增减原则”，用自己不断的努力、改进让人们越来越喜欢自己。做事和自我表现时，一定要顺应人们的心理。任何人都喜欢越来越进步、越来越优秀的人，而不会喜欢开始特别耀目，最终发现不过是一块玻璃一样的人。所以，在与人相处的初期，不要把自己表现得过于优秀，这样就没有了进步的空间，而要将自己的光华收敛起来，只要跟人相处起来舒适就好，然后再慢慢展现自己的优点，人们就会越来越喜欢你。

做事也要出奇制胜，才会让人们心底舒服。如果人们习惯了一种平淡的方法，就会对这种方法产生厌倦，这时候新奇的方法往往能够奏效，让人们更容易接受，事情也会更快完成。

一个失明的男孩总是坐在一所大厦边请求帮助，他手里举着一个牌子，上面写着：“我是个瞎子，请帮帮我。”但每天得到的帮助并不多，只有很少的硬币。一个男人看到了，掏出一些钱，并在牌子上写了几个字，然后放回去。这次男孩装钱的帽子很快就满了，男孩还是执意等到那位男子下班，听着他熟悉的脚步声问到“先生，您在上面写了什么?”男子回答他“我只增加了几个字”，他写的是“谢谢你们”。一个月后，这位男子又把男孩的牌子改成了“谢谢诸位好心人”，最后改成了“感激涕零”，于是事情变得更加顺利。

心理智慧：

1.对人要先抑后扬，赞扬要逐渐增加。

2.不要过于急切表现自我，要慢慢去表现自己的闪光点。

反木桶原理：用优势来赢得成功

木桶原理相信大家都熟悉，即一个木桶能够盛多少水，是由最短的那块木板来决定的。反木桶原理则更新奇、更有用。反木桶原理的定义是：木桶最长的一根木板决定了其特色与优势，在一个小范围内成为制高点往往能够成为自己可持续发展的特殊优势。

简单来解释就是，班级当中最优秀的那些人往往是善用短板效应的人，总是弥补自己存在的不足，让自己更加优秀；而那些“偏科生”则总是在自己最喜欢的科目上下工夫。当然，按成绩的高低来说，自然是“木桶理论”更有效，但对于一个人是否能成功来说，“反木桶理论”则更重要。想一想，那些被历史铭记的人，他们不都是所谓的“偏科生”吗？爱因斯坦偏“物理”，张衡偏“天文”，华罗庚偏“数学”，李白偏“诗歌”，罗纳尔多偏“足球”，而那些全科生，他们的名字在哪里？

可见，一个人想要成功还是要运用自己的优势去做事。一个组织，最重要的是协调和无弱点；一个人最重要的却是有特色、有优势，因为一个人是用自己的优点去做事，而不是用自己的弱点去做事。

所谓“出奇制胜”，就是要用自己的相对优势去攻别人的相对弱势，或者用自己的相对优势去做事。凭借自己鲜明的特色，才能独树一帜。如果能够找准自己的特殊优势并不断钻研，就能够像钉子一样，突破重重包围，脱颖而出。

孙子曰："凡战者，以正合，以奇胜。"战争真正拼的是实力，但是如果实力弱小，想要跳出圈子或者得胜，就要"出奇制胜"，利用自己的优势独辟蹊径，才可能成功。年轻人做事也是一样的，如果总是跟随"大众心理"，别人做什么你也做什么，而且一定比别人做得更好、更优秀，那么即使你再优秀，最终也只是在自己的那个圈子里"优秀"，出了这个圈子你照样什么都不是。

很多人喜欢与同事攀比或者进行项目竞争，以为自己胜利了就是做成功了。其实，你一定会在一个公司待一辈子吗？你一定会一直与同一群人相处吗？所以，人际关系好固然不错，但如果实在不精于此道，也不应该勉强自己，反而应该在自己精通的方面多多钻研，形成自己的特色也会赢得人们的尊重和敬佩，这就是用自己的优势去成功的奥秘。

做事的过程中，你拥有的往往别人也拥有，如果遇到一个和你相差不大的人或者一个强大的竞争对手与你竞争，要怎样才能取胜呢？竞争并不是所有事情都超过对手即胜利，有时为了竞争还需要故意卖个破绽给对手，而以自己的集中优势攻别人的相对弱势取得胜利。

还记得田忌赛马的故事吗？齐国将军田忌经常与齐国的诸公子赛马，一次与齐威王赛马，屡次失败，非常懊恼。朋友孙膑发现这些马的实力相差不大，可以分为上、中、下三等马，于是他对田忌将军说"只管下大赌注，保证能够取胜"。比赛之时，孙膑让田忌将军先用自己的下等马对齐威王的上等马，输了第一局；用自己的上等马对对方的中等马，赢了一局；再用自己的中等对对方的下等马，终于三局两胜，赢了赛马。

人生也一样，这个舞台讲究的不是一时的胜败，而是最终谁能够成功。做事的时候，不一定要用全部的实力和对方竞争，有时候，只要"以己之长攻彼之短”就足够了。善于用心思也可以作为一种长处，如果你在做事方面的确没有别人的实力，就不要过于勉强，“善谋”也是一种长处。

对于自己不擅长的事情就不要争抢，不如让给别人去做，反而能够得到对方的感激；对于自己的优势所在不妨“当仁不让”，反而能够显示出自己与众不同的光彩。这才是做人、做事的大智慧，用自己的优势去获取自己所需要的。

心理智慧：

1.善于用自己的相对优势去攻击别人的弱势，才能在竞争中胜出。

2.永远用自己的优点去做事、去做自己擅长的事，不要执著于与人相争，这样能够带给你朋友和利益。

3.让自己的优势与众不同，才能在众人中胜出。

草船借箭，他人的攻势来临时迅速转化为自己的力量

想必大家对《草船借箭》的故事非常熟悉吧？诸葛亮趁着浓雾佯攻曹操，曹操本欲迎敌，又怕因雾大中埋伏，就从旱寨派六千名弓箭手朝江中放箭，于是雨点般的箭纷纷射在草靶子上。不久后，诸葛亮又命船掉过头来，让另一面受箭。直到太阳出来了，浓雾散去，诸葛亮令船赶紧往回开。于是就凭借一招“虚张声势”，把对方的攻势都化为了自己的力量。

不要以为这只是智者才能运用的计谋，在生活之中，只要足够用心，别人的力量也能化为自己的力量；只要用一点儿小窍门，就能让进攻的力量反

弹回去；只要用点儿心思，顺水推舟就能够让自己的力量借势壮大。不要怀疑，一个人的力量终究是有限的，只有借助某种“势”才可能真正取得成功。

生活中这样的例子并不少见，比尔·盖茨正是借助了计算机终有一天会成为人们的生活工具的“势”，才最终成为世界首富；马云是借用了互联网越来越发达的“势”，才最终创建了阿里巴巴；所有的上市公司都是借助了别人买股票的钱，才最终让公司有所壮大。生活中，我们也不妨借别人的“势”来达到自己的目的。这种“势”不一定是自己或者身边人的“势力”，来自于敌人进攻的“势力”往往也能化为自己的力量。

在电视剧《大染房》中曾有一段这样的商战故事：对手为了击垮主人公的企业，采用了低价战，将所有的产品都低于成本销售。这样一来，市场混乱，如果自己也参战，就会赔钱；但如果不奉陪，对方则有可能占领更大的市场。这时经销商也陷入了困境，如果改变供货厂家，怕对方不会一直采用低价策略；如果不改变，自己就没有竞争力。正当经销商和厂主都陷入困境之时，厂主想出了一个好办法，让经销商到对手的厂子里去批货，假装已经投向了对方，但转手就把到手的货物卖到了只有对方可以卖的市场当中，让他自己的货去冲击自己的市场，终于止住了这场价格战。

这个场景类似于今天的倾销战，如果能够灵活运用这种方法，一定可以化对方的攻势为自己的力量。但是，在世界格局进一步融合的今天，已经没有所谓“只有某品牌可以进入的市场”，所以一定要更加谨慎才可以保证成功。

“草船借箭”之所以可以成功，实际上是运用了大雾的天气和曹操的多疑心理，所以，想要借助对方的攻势化为自己的力量，也要有混淆视听的本事，否则，对方的攻势就会真正将你毁灭。《大染房》商战的例子，如果没有经销商在中间投下的烟幕弹，对方也不可能轻易将货物卖给对手，让对手轻易盈利。

做事的时候想要出奇制胜，就要在对方看不见的地方下工夫。在对方想不到的地方运用对策才可能真正获利。没有迷雾，将自己暴露出来，就只能被对手击败。

心理智慧：

1.当对方的攻势过于猛烈时，不妨用几个烟雾弹，把战火引到自以为是的人身上，最终才可能化为自己的力量。

2.运用旁观者同情“弱小”、喜欢声讨“强势”和“虚伪者”的心理也可以获得舆论的支持，对方的攻击最终就会有利于自己。

3.将对方的攻势化为自己的力量才是聪明的做事方法。

第10章

柔中有刚，打好“太极术”以小搏大

托利得定理:学会包容和接纳不同的思想

托利得定理是法国社会心理学家托利得提出的。它的含义是,看一个人的智力是否上乘,只看其脑子里能否同时容纳两种相反的思想而无碍于其处世行事。这个定理强调的是思想可以相反或者有某种混乱之处,但行为方式却一定要一致。

生活中我们也往往有这样的体验,遇到某件事,心理是非常矛盾的,但是我们的行为却要遵循其中的一个原则。在某些著作当中,我们往往会明显看到作者两种截然不同的观点;在遇到重大事件之时,我们往往是矛盾的,希望事情向着某个方向发展,但同时又害怕真的出现这种状况;我们赞成唯物论,但心中又对某些唯心论的观点极为欣赏;喜欢享乐,又害怕享乐带来严重后果,所以又禁止享乐。

与人相处最重要的是宽容,因为你和别人的想法是不一样的。承认这种差别并容忍这种差别,遇到冲突,宽容对方,往往会达到更好的效果。

《宋史》中有这样一段小故事:一天,殿前都虞侯孔守正和大臣王荣在北陪园陪宋太宗喝酒,结果两人喝得大醉,竟在皇帝面前比起功劳来,谁也不服谁,而且越来越起劲,完全忘了在皇帝面前应有的君臣礼节。侍宴的人见二人实在不像话,就奏请宋太宗将两个人抓起来送到吏部治罪。宋太宗没有同意,只是一笑了之,吩咐把两个醉鬼送回家。

第二天,两人从沉醉中醒来,越想越后怕,连忙进宫请罪。宋太宗看两个人战战兢兢的样子,便装作记不清的样子,轻描淡写道:"昨天我也喝醉了，究竟发生什么事了？”一场风波就这样被他化解于无形，两个臣子自然感恩戴德，做事更加用心。

正是有了宋太宗的宽容，才有了大臣们对他的尊敬和爱戴。其实这件事情闹到吏部或者故作宽容地说开对两个人和宋太宗都没有好处，以后君臣相处起来也更是尴尬，所以装糊涂无疑是最好的方法，为几个人都保留了面子。

这就是托利得定理的精髓：无论你有多恼怒或矛盾，都需要衡量利弊，清醒之下再下决断，不要因为情绪的矛盾或混乱而影响自己的为人处世。要考虑应该怎样处置才最有利，而不是考虑自己喜欢怎样处置。

在这一点上，面临越大的事情越要仔细思量。秦穆公十二年，晋国旱灾，派人来秦国请求米粮。臣子丕豹不赞同援助对方，并劝说秦穆公趁着饥荒攻打晋国。秦穆公问公孙支，公孙支说：“哪个国家会不闹荒灾歉收啊，哪能不给？”问百里奚，百里奚说：“是晋国国君夷吾得罪了国君，他们的百姓有何罪？”于是秦穆公就拨粮救济了晋国。长长的运粮队伍，从秦国都城一直到晋国都城都接连相望。

两年后，秦国饥荒，派人去晋国请求粮食支援，但是晋君不但拒绝了，而且于次年九月趁火打劫兴兵攻秦，结果被绝望的秦军活捉。秦穆公懂得施恩，最终他的后代子孙统一了六国；晋惠公只懂得奸诈、谋略，几次三番背信弃义，没有大德，最终失道寡助，落得阶下囚的下场。

在是否应该援助对手这样的大事情上，每个人可能都非常矛盾，而之前就有嫌隙的两个人肯定会更加矛盾，两边的朝臣也都有两种不同的意见和想法。用哪种思想作为指导原则，只看一个人是否能够从人心、大局出发而已。秦穆公慷慨帮助自己的对手，结果赢得人心；晋惠公趁火打劫，两番“以怨报德”，最终“失道寡助”，没有力量和其他大国争衡了。

心理智慧：

1.每个人都难免和别人发生冲突，关键时刻行行宽容、装装糊涂，后退一步，才可能使双方都不过于尴尬。

2.有过节的人需要援助之时，要不计前嫌，才能赢得人心。

3.最巧妙的回旋之术，就是帮自己赢得更多人的尊敬，以这个目标为指导就能够提高自己的道德修养。

4.不仅给别人机会，同时也是为自己创造机会。面对别人的微小过失，容忍和掩盖可以保全所有人的利益和面子，这就是最大的好处。

南风效应：温和比严厉更暖人心

南风效应源自于法国作家拉·封丹写过的一则寓言，大意是：北风和南风比威力，看谁能把行人身上的大衣脱掉。北风首先冷风凛凛地吹起来，寒冷刺骨，结果行人为了抵御寒冷，反而把大衣裹得更紧。这时，南风徐徐吹来，顿时风和日丽，行人觉得温暖如春，开始解开纽扣，然后脱下大衣，于是南风胜利了。

在生活中也是这样，人们常常会发现，那些声色俱厉、整天冷着一张脸的人并不比一个每天微笑的人更有威慑力；喜欢直言直语、刚烈的人也不比委婉的人能更快让人放下成见；绳子比木棍更容易让人屈服；蜜糖比胆汁更吸引他人。

严厉的批评、刚硬的劝谏往往没有委婉含蓄的暗示、滴水穿石的影响更加有效。巧妙的回旋、委婉的攻势，往往能够让人更容易接受，尤其是那些素来耿直有余、柔韧不足的人更要学会以柔克刚的技巧。

提起樊哙，想必人们心中就将他定义为一个鲁莽轻率的武夫，其实他不仅粗豪威猛、凛然无畏，关键时刻他还有“以柔克刚”的智慧。天下平定以后，刘邦开始骄矜自持，听不进劝谏，别人也不敢触犯龙颜。一次，高祖病得厉害，吩咐不见任何人，诏令守门人不得让群臣进去看他。樊哙听说以后，推开宫门闯了进去，看到皇帝正枕着宦官躺在床上，于是先痛哭流涕地回忆往事：“想当初陛下和我们一道从丰沛起兵平定天下，那是什么样的壮举啊！而如今天下已经安定，您又是何等疲惫不堪啊！”引起了皇帝的感触之后，再慢慢关心起了皇帝的病：“况且您病得不轻，大臣们都惊慌失措，您又不肯接见我们这些人来讨论国家大事。”最后用前车之鉴达到了劝谏的目的：“难道您只想和一个宦官诀别吗？再说您难道不知道赵高作乱的往事吗？”高祖听罢，于是笑着从床上起来。

这样一段一波三折、柔韧而不刺耳的劝谏由一个粗莽的武将说出来，真让人震惊啊！当然，人选得也妙，樊哙是刘邦的妹夫，和刘邦从少年时就一起共苦的人，说起来更有震撼人心的效果。

这种温情式的劝谏因为多了一些对人情感的关怀，多了一丝柔软之气，更容易让人自觉接受。这是因为人们常常有一种逆反心理，当你严厉的时候，对方就会对你的态度反感，即使表面上听从你的指挥和劝谏，在心里也是不高兴的。如果人们能够顺着别人的心理来，虽然也是想要改变他内心原本的成见，但会因为暗合了别人喜欢“奉承”和“讨好”的心思，而使自己的意见更容易被接纳。既然人们不喜欢喝苦药，那么就往苦药里加一点儿糖浆，不是更容易被接受吗？

但很少人懂得这一点，尤其在“良药苦口利于病”这一思想的指导下，人们更是很难运用这一点。明朝万历皇帝即位时，年纪比较小，历史对他的评价是“少年聪慧”，但因为年纪小，朝政就落在了他的母亲李太后、秉笔太监冯保和首辅张居正的手里，非常不巧的是这三个人都是出了名的“严师”。一次，小皇帝和太监在宫里乱跑乱闹，被冯保看见就禀告了李太后，李太后平时对小皇帝就格外严格，经常督促他早起、迟睡，品格要端正，这样一来更是让万历皇帝跪下受罚；张居正是“帝师”，对皇帝要求更是非常严格，于是小小的皇帝头上就悬了三把戒尺，一个不慎就会挨惩戒。

但是这种严厉对于万历皇帝的成长没有丝毫好处，只是助长了他的叛逆和任性、倔强心理，让他更加个性乖戾、固执倔强。张居正去世两年以后，失去了最严厉的一把戒尺的万历皇帝就抄了张居正的家，赐死了他的儿子；不久又处置了冯保；然后开始长期怠于政事，终于使国家逐渐出现了危机。

万历皇帝怠政虽然是他性格上的缺陷造成的，但事实上他身边的这三个“严师”也绝对推脱不了干系。如果他的母亲能够对他有一份温柔，用母爱去感化他，而不是用斥责的手段硬逼他上进，他的逆反心理也不会那么强。如果他的老师不仅仅把他当做皇帝，而把他当成一个“少年”，就会多一些谅解，少一些苛责，就不会使他的性格走向极端。

心理智慧：

1.对待他人多一份柔软，多一份关爱。

2.善于以柔克刚，以温和对待他人，才能得到更多尊重。

狄伦多定律:面子有了,矛盾就没了

狄伦多定律的含义是指一个团体中所发生的激烈冲突,往往是因为面子问题引起的。如果能够在矛盾发生以前就给别人留足面子,就能减少或不会发生冲突,从而将冲突消解于无形。

生活中很多问题都是为了一时的意气,这种意气常常是有关面子的,人们常说"佛争一炷香,人争一口气",这个"争气"实际上也就是争面子,因为自己的要求或者冷漠驳了别人的面子,或者因为自己提出的意见没有顾及别人的面子,为了争强好胜即使没有理由也一定要反对你,这就是争面子。

古语说"士可杀,不可辱",可见中国人的处世观念向来把人格尊严放在比生命更高的位置。西方人也常常会因为一时的侮辱而奋起决斗,这些都意味着人们对面子的重视,所以做事一定要给别人留有余地,给别人留下一点儿面子。批评、指责别人要含蓄,最好在只有两个人的情况下进行,赞扬一个人却要在大庭广众之下进行,这些运用的都是留面子的原理。给别人留下一点儿自尊就不会使原本的矛盾激发,而如果在说话做事的过程中,时时刻刻顾及别人的尊严,照顾别人的颜面,让人脸上添光,你自己做事也会顺风顺水。

做事要懂得巧妙周旋,很多时候就是要学会在对别人做出苛刻的对待之后,为人保住一点儿面子。虽然对方也可能记恨你,但绝对不会因此和你大动干戈。

魏征是有名的"谏臣",他屡次谏言却没有被唐太宗治罪,除了太宗的心胸广阔之外，和魏征总是给太宗留下最后一点儿尊严也是分不开的。魏征不同意太宗的看法时，绝不会在太宗发言时驳斥，而是默不作声，事后再来陈述意见。太宗问他“为什么事后才说”，魏征回答“当场表示同意，担心当场就成定案；当场假装同意，事后另说一套，这种阳奉阴违，不是侍君之道”。

有一次，太宗得到一只鸟，爱不释手，每日把玩。魏征听说了就选择太宗玩鸟的时候去奏本，唐太宗怕他啰嗦那些“玩物丧志”的谏言，就把鸟藏在了袖子里。魏征却并不着急，也不揭穿，只是和太宗讨论国事，时间长了竟把鸟闷死在太宗的袖子里。虽然如此，太宗却并不愤怒，因为魏征毕竟没有揭穿自己给自己难堪，为他保留了最后一丝尊严，所以直到魏征病死，唐太宗都没有真正惩罚过他。

有些人可以吃亏，也可以受批评、挨指责，但一定要留住面子。被别人击中痛处对任何人来说都是不快的，为别人留下一丝尊严就是为自己留住一个余地，所以，事情绝不可做绝，千万不要做辱及别人尊严的事情，否则就有可能结成“死仇”。任何矛盾、争吵、对立都可能解开，唯有侮辱别人的仇恨是不可能解开的。很多人都不懂得这一点，当众给别人难堪，到最后受报复的是自己。

大家想必都熟悉“韩信忍胯下之辱”的故事。这个故事的最后是，韩信封侯以后，给原本侮辱他的人封官做，以显示自己的大度。但还有一个版本，原本侮辱韩信的人看他封侯，以为韩信一定要一剑杀死自己，但韩信并没有这样做，只是让这个人帮他牵马坠镫，每天踩他的背上马，并在他死后让人按照他的形象做了一块上马石，彻底报了自己的“胯下之辱”。根据韩信的性格，大概后者更为可信一些。

很多人都争强好胜，一定要辱及别人显示自己的高明，殊不知这是最低劣的手法。尤其当一个人知道自己绝对正确的时候，就会千方百计找出证据证明别人的谬误和荒唐。这样的行为其实对自己没有任何好处,只能证明你是一个心胸狭窄、迂腐无聊的人。在无关紧要的小事情上,对错并没有多大要紧,重要的是你不能为了证明自己的高明就让他人在大庭广众之下出丑。给别人留一点儿面子,就不会使矛盾激化,就能避免一场冲突,重要的是你不会因此多一个敌人。

心理智慧:

1.不要试图用证明别人错了来显示你的高明,因为无论你能否证明,最终输掉的都是你。

2."为尊者讳",给别人留点儿面子,顾及别人的尊严,就是给自己留余地。

3.做事要学会迂回,给别人留面子才能避免冲突。

阿伦森效应:曲径通幽,不直来直去更能得势

阿伦森效应是指随着奖励减少而导致态度逐渐消极,随着奖励增加而导致态度逐渐积极的心理现象。这种现象表明,人们往往喜欢别人对自己的评价一点点增加,从而使做事一点点变得顺利。根据人们的这种心理,一直给予一个人赞扬反而会因为态度的一致而使得自己的赞扬变得微不足道,起不到应有的效果。所以,做事要迂回有道,巧妙回旋,而不要直来直去,这样达到的效果反而更好。

老子说得好,"将欲歙之,必固张之;将欲弱之,必固强之;将欲废之,必固兴之;将欲取之,必固予之"。意思是,想要做一件事情,如果不能用直接

手段得到，就不妨运用一些迂回的方式，以达到“曲径通幽”的目的。比如，想要得到大家的赞同，首先摆出一副宠辱不惊、对别人的赞赏或者批评漠不关心的态度，然后再对人们的批评或者赞赏表现出一丝兴趣，最后将对方引为“知音”，如此，对你持赞同态度的人就会越来越多。想要得到别人的赏识，与其四处自我推销，反而不如学一学诸葛先生，让天下人都知道“卧龙”的名声，却很少有人见过其真面目，欲擒故纵，终于引来刘备“三顾茅庐”。

想要做成一件事情，千难万难，大概是因为想要走“独木桥”的人过多的原因，竞争的人越多就越不容易到达目的地。如果能够学会迂回做事，走小路，反而更容易达到对岸。一个人想要达成某种目的，各方阻碍的力量都会显现出来，这所有的反应最终都会影响一个人的做事态度。如果一个人的热情降低，那么肯定就不那么容易达成目标。所以，不如把自己的目标定得低一点儿，让人们的注意力都关注在一个较低的过程点上，不暴露自己的目标和最终意图，才可能突出重围，最终达到自己的目的。

葛青是公司业务部副经理，一直为事业上不能更上一层楼而烦恼。他能力非常强，但是总经理考虑到他开拓业务的能力强但却不知管理能力如何，一直对他升职的事摇摆不定。公司进行一番内调之后，经理的位置依然空悬，很多人都预言将会出现一位“空降”经理。葛青对这一切都不动声色，只是将自己在大学时的考研书籍拿出来，放在了办公桌上，于是同事议论纷纷，以为他有考研的倾向。

总经理听到流言之后，果然看到了葛青搜集的考研书籍，于是叫他去询问。葛青并没有明确回答总经理的问题，只是回答自己管理能力不够，想要学一学而已。总经理回想了一下，原来四年以来，公司只是利用了葛青的才华，却从来没有给他提供过更广阔的平台，这才意识到原来自己真亏待了他，不久以后就为他安排了一次培训机会，并提拔他为经理。

其实，如果他直接为自己的升职而努力，或者直接摆出自己的功绩，他的升值未必那么顺利。正是因为他摆出了一副模棱两可的态度，让上司惊慌了，才最终达成了目的。

这种手段其实早就有人用过，当年韩信因为在刘邦手下得不到重用，于是假装逃跑，被萧何追了回来，并拜为上将。如果他直接追求想要成为上将的目标，最终能够做到的不过是将军而已，萧何的一句"此人如果不被重用，迟早还要逃跑，汉王损失就大了"直接就为他达成了最终的目标。

迂回才更容易达成目标，管理学大师汤姆·彼得斯在他的著作《你就是品牌》中预言了职业阶梯的消失，"今天的职场人生就仿佛是下跳棋甚或是闯迷宫，你常常得向侧走，向前走，走对角线，甚至在必要的时候向后退"。在职场上你面临的不再是一级一级的升职，做事时自然也就不能直来直去，迂回一下转个弯往往能更快达到目标。

心理智慧：

1.人们往往有逆反心理，越是不让做的事情往往越是想做。利用迂回效应还可以让别人抢着做他们不愿意做的事情，比如上帝给了潘多拉一个"魔盒"并告诉她"不要打开"，潘多拉终于忍不住好奇打开了魔盒。

2.对于众人不愿做的工作，也可以迂回着告诉他们"如果今天没人加班就好了"，然后你会发现所有人都会留下来加班，看看到底有什么事。

改宗效应：硬气一点，绝不做"老好人"

"老好人"常常指那些脾气随和、待人厚道但缺乏原则性的人。人们往往都会有几分看不起这样的人，更有甚者，有些小人欺软怕硬，专门找这类人的麻烦。

“老好人”虽然对人宽容厚道，但因为没脾气、能力平庸、不能坚持原则反而让人看不起。美国社会心理学家针对这一现象做了一个出色的研究，表明在一个问题对某人来说非常重要的时候，如果能够在这个问题上使一个“反对者”改变意见和自己的观点一致，他宁愿要那个“反对者”而不要一个同意者。

得到一个坚持原则的人的称赞和认同，是非常困难的，因此这个过程充满了挑战性，一旦得到，心里就会格外珍惜，成就感会比较强。而一个唯唯诺诺的人的赞同是非常容易得到的，成就感就会弱；另外，他会赞同你，也会赞同别人，对你柔弱，对别人也一样，所以“老好人”反倒常常被人当成“墙头草”，倒向哪边的可能都有，自然不被人珍惜和尊重。

日常生活中我们也常常发现这种现象，一个人平时特好说话，脾气温和，别人反而看不起他，总是将他支使得团团转，而且对他毫无感激；而一个总是坚持自己观点和原则、不容易妥协的人，则总被人们积极拉拢和围绕，因为一旦被这种人认同，就等于给对手一个巨大的挫折，他会站在你面前帮你挡去一切，所以这样的人反而非常容易得到重用和人们的尊重。

东汉光武帝时期，有一个出了名的“硬项令”——董宣，在职的时候不畏强权，惩治官豪，毫不手软，连皇帝也要忌惮他三分。当时，他被皇帝任命为“洛阳令”，这是个小官却非常难做，因为洛阳住着许多皇亲国戚，他们常常依仗权势，肆意妄为，连他们家中的仆人都非常嚣张，常常恃强凌弱，把京都搅得乌烟瘴气，人人不得安宁。

董宣上任后，发生了一件命案，光武帝的亲姐姐湖阳公主的家奴仗势杀人后一直被湖阳公主包庇。董宣听说公主的车要出门，而罪犯紧随其后，就

上去缉拿凶手。公主阻拦董宣缉拿，董宣二话不说，拔剑将凶手当场处决。

事后，湖阳公主一状将董宣告到了光武帝面前，光武帝大怒，作势要打死他，董宣说道："托陛下圣明，汉室能够中兴，但有些人却纵奴杀人，这样怎能严肃律法、抑制豪强，用律法治理国家呢？不用陛下打死，我自己寻死算了。"说着将头撞到柱子上，血流满面。

光武帝大惊，却不急于杀他了，但要他向湖阳公主磕头道歉。董宣不从，光武帝命人按住他的脖子让他低头，但董宣双手撑地，硬着脖子就是不低头认罪。光武帝叹息一声"算你的脖子硬，还不快退下"，于是赐予他"硬项令"的美称。从此以后，洛阳的豪门贵族再也不敢嚣张，听到他的名声都吓得发抖。

你是否会因为怕得罪人，而违背自己的意见去附和别人？你是否总是唯唯诺诺，不敢说出自己的想法？为了讨好他人，你总是恭维别人吗？这些看似聪明的做法不一定能够为你的人际交往加分。一个八面玲珑、谁也不肯得罪的人，却往往把所有的人都得罪了。一个没有原则和自己主见的人，人们很少能够给他信任，也很少让他担当大任。

有自己的独立思想，敢于坚持自己的观点，在温婉中常常透出一种硬气的人，更容易被人尊重和信任。虽柔韧却不倒，虽温和但绝不随意苟同别人的意见，虽然温厚但绝不任人欺负，虽然随和亲切但绝不轻易改变自己的意见和志向，这样"柔中带刚"的人才会被人们既喜爱又尊敬，不敢轻易得罪和轻视。

心理智慧：

1.学会巧妙的回旋之术，不妨在温柔讲道理的同时，流露出自己心志坚定、绝不会轻易屈服的一面。

2.长时间的温柔之下,不妨让人看到你坚定的一面。只有柔中的刚强才是最有力度的,因为一个柔弱的人,如果只要认准了一个方向,反而最不容易改变,而且不容易被摧折。人们对这种人往往会带几分的敬畏,不会轻易冒犯,反而希望能够得到这种人的认可和接纳。

第11章

占据主动，小小心理策略让对方追随你

威严效应：保持威严，展现你的高大形象

生活经验告诉我们，在学识、能力、品质相同的情况下，威严、少语沉稳的人比大大咧咧、多语而好动者更容易得到人们的尊敬，也更容易被人欣赏，被提拔的机会也比较多，这就是社会心理学中的威严效应。

我们喜欢亲切、随和、外向的人，但是对于他们的命令却很少能够敬畏。这样的人如果和我们是同事，就是非常好的、有人缘的“朋友”，但如果让他们指挥自己，则会充满抵触心理。威严沉默的人，我们对他们并不友好，不想和他们成为朋友，但如果被他们指挥则心甘情愿。

这大概是人们潜意识中的“奴性”决定的，因为威严的人具有威慑力和权威定势，在指挥他人方面肯定有更好的效果。再者，思想中的刻板效应一直告诉我们，希望自己的领导者是怎样的，已经看到过的领导者是怎样的，我们就会按照自己刻板认为的模式去寻找自己愿意追随的人。

古时候，人们往往都通一点“相术”，根据别人的相貌判断他是否有潜质，是否值得追随，以后会有多大成就。汉代的萧何，在小沛任功曹的时候，就结识了秦泗水亭长刘邦、捕役樊哙、书吏曹参、刽子手夏侯婴，还有吹鼓手周勃等人。他见刘邦气宇轩昂，风骨不凡，谈吐也有别于众人，是位大贵之相，所以对他格外佩服，并曾多次利用职权暗中袒护他。后来更是一路追随，直到刘邦成为汉家天子。

三国时期，生性多疑的曹操在会见匈奴使者时，为了显示他的威武形象，就让一表人才的崔季珪装成他接见来使，自己则扮成武士提着刀站在床

头。会见完毕后，曹操就命间谍问匈奴使者对魏王的印象如何，匈奴使者说床头提刀人才是真正的英雄，可见崔季珪虽然高大威猛、相貌堂堂，实际上根本没有掌握“威严”的真正精髓。

人们总是从言谈、相貌、举止等方面看一个人是否具有威严，将来是否能够成就大事。“相人之术”古来有之，但这些并不是无稽之谈，更不是迷信，因为人们有一种心理定势，能够在众人目光之下保持自己威仪的人必定不同凡响。沉默寡言而沉稳的人必有经韬纬略，自然也更容易让人敬服。

对现代人来说，“相人之术”可能比较遥远，但是人们潜意识中更加信赖稳重而沉默的人，依然会根据一个人的表现判断他是否适合当领导，是否应该追随他、信任他、尊敬他。所以，在人们面前尽量保持自己的威仪吧，如果你想要得到更高的职位，就要学会在别人面前树立起自己的高大形象。

首先要注意自己的穿衣打扮，保持服装整洁、保守可以为自己的形象加分。多穿深色的衣服，因为深色给人严谨、稳重、厚重的印象，越深的颜色对他人越有威慑力。仪容应该时刻整理，保持整洁。

注意自己的言行举止，言行应该有依据，谨言慎行、遵守诺言，不要过于轻浮，不要有油嘴滑舌的坏习惯，说话之前应该三思，说出的话应该有条理，显得经过深思熟虑。为人可以豪爽，但不要显示出流氓气息；可以说笑话，但笑话不要过于轻浮、流俗；要忠厚但不要软弱可欺；可以宽容，但不要没有原则。一举一动不要显得过于轻浮；中规中矩固然好，但不要显得老气横秋，显示自己的成熟魅力和理智、知性气息更容易被人接受。

做人多一点儿圆滑，但不要八面玲珑；多一点儿耿直，但不要清高自诩；多尊重他人，听取他人意见，展现自己的谦逊，但不要没有自己的独立性。这样更有利于保持自己的高大形象，平时也可以给别人一点儿恩惠、进行一些感情投资、多关心他人等。人们常说“得人心者得天下”，想要使别人追随自己就要舍得投资，这种投资不仅仅是物质上的，还包括满足他人的情感需要、帮助他人实现愿望等。

心理智慧：

1.做人、做事方面少一点儿感情用事，多一点儿理性思考。

2.做事多一点儿严密和大气，不要过于追求完美，做事不拘小节的人更容易被欣赏，但不要有漏洞。

3.有才华是好事，但不要随意炫耀，以免显得浮夸。

贝勃定律：一件小事也能让你在对方心中分量倍增

贝勃定律是建立在相对理论上的一种定律，表现为本身的基重越大，对于增加的重量感受越迟钝。这个定律是基于一个实验之上的，一个人右手举着 300 克的砝码，左手举着 305 克的砝码，感觉不到多少不同，只有增加到 306 克时，才稍有感觉。而如果左手举着 600 克的砝码，那只有左手上的重要到了 612 克才能感觉到重。人们对于差别的感觉往往取决于原来的事物。

生活中这种现象也很常见，同时也非常好理解：孩子原本有一块钱，你再给他一块，他会感到非常高兴，假如他有 100 元，你再给他一块，他就绝对不稀罕了。原本 3 元一斤的鸡蛋每斤涨了 3 元，你会觉得非常难以接受，可是如果 30 元一斤的茶叶，每斤涨了 3 元呢？

所以，想要让一件小事在对方的心里变得非常有份量，就要谨慎地选择这件“小事”，选择对方没有感受过的或很少感受的“刺激”去刺激对方，才可能有成效。想要别人追随你，就要做别人很少做的事，积累稀缺的“品德”，才能让众人对你刮目相看。

古时候，有个诈骗犯出狱之后，处处受人抵制，很多雇主对他更是诸多防备。他总是在不断找工作、不断被辞退，自己对自己也总是充满怀疑。一次，他的新雇主告诉他有重大的事情要他办，并要求他把一封信尽快送给对方。他告诉雇主他曾经入狱，雇主并没有说什么，只让他快去快回，很多人都怀疑他会半途跑掉（赖掉薪水）。但这个人并没有辜负雇主的期望，以最快的速度把消息传递了出去，并把应对之策带给了雇主。后来，这个人终身都在那个雇主身边做事，不断被委以重任。人们都问雇主当初为什么要一个犯过罪的人做一件事关重大的机密要事，雇主只说“因为犯过罪的人更希望得到别人的信任”。

给人恩惠也一样，一定要给到别人的心坎里，才能引起人的充分感激。比如，对于某些薪水微薄的人来说，给他长点工资，对方就会兴高采烈地加班，而对于那些年薪几十万的白领来说，加薪这种手段是不足以刺激他的，加得少了，对方不感兴趣；加得多了，自己承受不了。这就是差别，面对的人不同就要找出可以刺激他们的不同方式，这样你为他们所做的每一件小事才能被他们记住并感激。

豫让是春秋时期的晋国人，他先后跟过几个主人，他先是范氏的家臣，后来又投靠了中行氏，两个人都对他奖赏有加，但是却并没有重用他，直到他成为智伯的家臣才受到重用。智伯非常尊重他，和他的关系也非常密切。后来智伯遭到赵襄子的杀害，豫让几次三番不惜残害自身为智伯报仇。赵襄子问他：“为什么原来追随中行君，中行君被智伯杀害，你却归顺他；而我杀了智伯，你却要刺杀我呢？”豫让回答：“因为智伯拿朝士的礼节待我，所以我要用朝士的礼节对他效忠。”

“士为知己者死”，豫让这样的壮士，最在乎的是能否被重用，而不是物质上的刺激，所以，他会为尊重他、懂他的人卖命。

心理智慧：

1.让一个人心甘情愿追随自己不妨用一件小事让对方对你刮目相看。

2.要选择对方最希望得到的东西，用最希望你为他做的事去感动他，这样才能让他产生感激之情，让他敬重你、感激你、愿意追随你。

摆事实讲道理，话语有说服力更容易被人追随

给人一个理由，一个愿意尊重你、追随你的理由，才更容易被人信服。过度理由效应告诉我们，每一个人都会力图使自己和别人的行为看起来合理、一致，所以人总是在为自己的行为寻找原因，无论是真正原因还是谬误的外部原因，只要找到了，就会认为自己的行为是合理的。

日常生活中我们常常会遇到这种情况，你也曾经偷偷问自己“为什么会喜欢他”，然后自我回答因为他英俊温柔、他懂得讨人欢心、他很诚恳或者他和自己有默契等，似乎只要找到一个理由，自己就心安理得了，就能和对方天长地久下去；如果找不到，就会惶惶然怕有朝一日失去对方。人做事的时候也会不自觉地问自己为什么要这样做，然后找到一个看似合理的理由就可以继续下去。

人们的这个心理其实很容易被人掌握，只要找到一个理由让人们追随你、帮助你，就容易引来更多人的帮助，到那时所谓的“追随”就变成了“众望所归”。比如，你希望别人帮你一个小忙，与其说“我实在忙不过来了，你帮帮我吧”，不如说“帮我弄一下这个吧，下午请你吃饭”或者“我知道你文采最好了，我怕自己写不好，你帮帮我吧”。为什么呢？因为前一个理由只讲了你自己的原因，不关别人什么事，别人自然不心甘情愿，后面两个理由则帮别人找了一个帮你的原因：“你要被请吃饭”“你的文采好”。

找到那个理由是让别人能够甘愿追随你的关键。给人一个命令不如给人一个原因、一个理由。对于人心的再多的笼络和百般讨好，如果对方找不到一个你这样做的理由，就会认为你别有用心，甚至会抵触你所谓的“好”。讲出你做事情的道理，讲出你对某件事情的谋划，然后听取大家的意见，最后总结成一种方案，并说出这个方案的最大好处，别人才可能听从你的意见，追随你做事。

著名的广告大师奥格威说：“永远不要以为消费者是傻子，商品摆在商店里，买不买是他们的事，如果你说得有道理，他们就会相信你；如果你说得牵强附会、于理不通，他们就会毫不犹豫地把你抛开。”当然，如果说不出理由，人们也不会轻易就买你的账。萨维卡和万事达卡曾经为用户提供了“花旗购物卡”活动，他们告诉消费者“使用花旗购物卡可以让您享受20万种名牌商品的最低价”，结果消费者对此回应寥寥。经过反思后，他们认为自己只宣传了利益，却并没提供可令人信服的理由。于是在后期的宣传中变成了这样一段话：“使用花旗购物卡可以让您享受20万种名牌商品的最低价，因为我们的计算机一刻不停地监控着全国各地5万个零售商的价格，以保证您能够享受到市场上的最低价位。”广告一出，信用卡的注册人数大增。

契诃夫曾经有这样一句名言，“有权威的人，即使撒谎也有许多人相信。"这是为什么?因为他的权威就是人们信任他的理由。想要得到众人的跟随,就要为众人找到一个理由:你本身能力不凡、你是权威人物、你得到权威人物的认可、你勇敢坚毅、你做的事情总是有最好的结果等。

心理智慧:

1.当你为人们寻找理由的时候,一定要寻找内部的理由,而不是表面的原因。

2.多讲一些比如"如果我们完成这个项目,老板肯定会为我们加薪,还有年终奖"肯定远远不及"一起努力吧,我相信大家都想做一番大事,赢得属于我们自己的荣耀和地位"这样的话更能激动人心。

3.讲出你的道理,更容易被人信任和追随。

激将效应:刺激一下对方,让其按你的意愿行事

在心理学上,通过反向刺激促使被刺激者做正向行为的心理学效应,叫做"激将效应"。俗语说"树怕剥皮,人怕激气",每个人都有自尊心和逆反心,如果能够刺激对方的自尊心,激起对方不服输的情绪,就能够将一个人的潜能发挥出来,从而让对方按照你的意愿去做事。

想要驾驭人心,除了懂得人心以外,还要懂得利用人心。对于难以用语言说动、难以用行动打动的人,不妨用其自尊心强的一面去刺激他,就可得到自己想要的结果。日常生活中,想要人们按照你的意愿去做事,也不妨使用一下"激将法"。

月月的妈妈非常聪明,她希望孩子能够爱上音乐,于是买了一架钢琴摆

在客厅里，总是在饭后自己弹上一段。月月看了很羡慕，纠缠着妈妈也要学弹钢琴，妈妈语重心长地告诉他“钢琴是个非常难学的东西，需要长时间的学习和练习，每天至少要一个小时的练习才能学好，而且还需要坚韧的毅力，与其你将来放弃，不如现在就不要浪费时间。”月月性子急，好奇心重，但缺少耐力，果然低下头不说话了。妈妈在一边故意说道：“反正你也吃不了这种苦头，学不会的，非要学干吗？”月月一听果然中计：“谁说的，我一定要学会。”最终缠着妈妈坚持了下去。

俗话说“请将不如激将”，按照别人的性格适当使用激将法，效果要好得多，也更容易达成目的。当然，前提是对方是员大将，有较强的自尊心，否则对“刘阿斗”一样的懦弱之辈是不可能起作用的，反而可能弄巧成拙。再者，激将也要有方法，并不是随意贬损对方就能够起作用。看一看《三国演义》中的诸葛亮是怎样使用激将法的，从中也许可以学到不少技巧。

诸葛亮奉刘备之命去劝说孙权共同抗曹，但他看孙权一表人才、性格坚毅、不是随便能够劝说动的，就决定运用激将法。他先说曹兵有100万，然后再夸大曹操的实力，有150万的兵力，战将和谋士也有一两千人，然后说“我只说100万，原因是怕惊吓了江东之士”。还主张孙权向曹操投降，激起了孙权的怒气。孙权问：“你家主公为什么不投降？”诸葛亮答道：“当年的田横，不过是齐国的一名壮士罢了，尚能笃守节义，不受侮辱，更何况身为王室之胄、英才盖世、众士仰慕的刘豫州？事业不成，这是天意，又岂能屈处人下？”气走了孙权，然后再说自己有破曹良计，只不过对方没问，孙权听说，赶过来求教，自然达到了说服的目的。

在说服周瑜的过程中，这一方法得到了更好的运用，他搬出了《铜雀台赋》中的两句诗词“揽‘二乔’于东南兮，乐朝夕与之共”证明曹操攻打江东是为了得到大乔、小乔两个美人。小乔是周瑜的妻子，这一下彻底激怒了周瑜，拼了命也要和曹操一决雌雄。其实诗歌的本意是，将兴建两个高台以收胜景，然后再于台间建两座桥，以便朝夕流连其中。诸葛亮巧借“二桥”的谐音一下戳到了周瑜的痛处，达到了说服的目的。

从这段文字可以看出，运用激将法起码有以下两种技巧：

1.人选，必须对性格刚直的人才能运用，否则遇到过于懦弱的反而被吓倒了。如果遇到老谋深算如“司马懿”的，表面上受了激怒，可实际上仍不动声色，反而大事不妙。

2.激将法一定要踩到他人痛处。诸葛亮之所以能够激将成功，是因为找到了孙权和周瑜的痛处。他先说“怕惊吓了江东之士”，就是讽刺了孙权手下有人居然被吓到“主和”，等于踩到了孙权的“猫尾巴”；然后再表明自家主公“身为王室之胄、英才盖世，自然不甘受辱，宁败不屈”，言外之意，讥讽孙权如果投降就是没有气节没有才能。被曹操感叹“生子当如孙仲谋”的孙权怎能忍受这种讽刺？对于周瑜，则踩到了他对老婆美女小乔的关切爱护之心，自诩“风流潇洒”但心胸狭窄的周郎怎么能容忍别人觊觎自己的老婆？当然要和对方一决高下。

运用激将法，一定要踩到对方痛处，比如对方没有经验、地位比较低等都可能成为他的致命伤，只要被触及就会火冒三丈。如果踩到对方不痛不痒之处，激将的目的就不能达到。

总之，激将也要有道，只有运用技巧才能做到让他人按照你的意愿行事，否则就会影响效果，甚至弄巧成拙。

白璧微瑕效应:偶尔犯个小错让你更有魅力

白璧微瑕效应常常被称为“犯错误效应”,即小小的错误反而会使有才能的人人际吸引力更高。但这个错误也并非所有人犯都有效,而是对一个能力非凡的人而言,他能够犯错误,才能让人觉得亲切,才能更有吸引力。

社会心理学家阿伦森为此设计了这样一个实验:在一次演讲会上,让四位助手各有不同的表现,其中两位表现非凡、才能出众,另两位则表现出才能平庸。这时,才能出众的一人失手打翻了饮料,而才能平庸的一人也碰巧打翻了饮料,然后测试四个人对人们的吸引力怎样。结果证明:才能出众而犯小错误的人最有吸引力,而才能平庸却犯错误的人最缺乏吸引力。

日常生活之中我们也常常看到这种现象,在某些领域有特殊才能的伟大人物生活上往往迷迷糊糊,容易犯各种小错误,这样的人反而更受欢迎,比如美国总统奥巴马常常被太太和女儿嘲笑不精通家务,常犯些小错误,但这些并没有让总统的形象受到影响,反而让选民觉得他更加亲切。爱因斯坦在寿宴上的“鬼脸”,让人感到他平凡、顽皮的一面,更让人喜欢。

可见,具有非凡才能的人不妨犯一些小错误,会让人更乐意追随你。心理学上对这种现象有种解释,人们认为完美无缺的人给人的感觉总是不安全不真实的,“神秘的事物都是值得怀疑的”,因此对于这种形象总是选择敬而远之,而犯一点儿小错误,往往会把这层神秘的面纱揭起一点儿,让人们更喜欢和容易接纳。

因此,在生活中不妨犯一些小错误,当然前提是你的才能足够高、你足够优秀，这些小错误反而能够增加你的人情味，让更多人喜欢你、追随你。

汉高祖刘邦心中颇有远大谋略，但他傲慢看不起人，比如他在召见郦食其的时候就坐在床边伸着腿，让两个女人帮他洗脚。结果被郦食其反问："您是想帮助秦国攻打诸侯呢，还是想率领诸侯灭掉秦国?"然后谏言道："如果您下决心聚合民众，召集义兵来推翻暴虐无道的秦王朝，那就不应该用这种傲慢不礼的态度来接见长者。"直到刘邦将自己整理整齐并向他道歉，郦食其才讲出了自己的谋略。

刘邦还一边洗脚一边接见过英布，还在儒生的帽子里撒过尿，但他的这种傲慢之举反而吸引更多人来为他效力，因为他总是一边"犯错"一边"悔改"，让那些有才之士意识到自己的"有用"，更愿意追随他。

想得到别人心甘情愿地追随，就要让自己的身上有"缺点"，正因为有"缺点"，别人才愿意追随你、弥补你的缺陷。人们喜欢有才能的人，但如果这种才能达到了尽善尽美，让人感觉到自己的卑微无能和价值受损，人们就会下意识地开启"自我保护功能"排斥这个人，甚至对他产生嫉恨。唯一能够消除这种嫉恨的方式，就是让自己也犯一些小错误，有一些小缺陷才能得到更多喜爱和追随，还能降低他人的戒心。

《后汉书》中记载，英布造反，刘邦决定亲征，并命令萧何筹集粮草、安抚百姓，但又屡屡派密使监视萧何的一举一动。就是因为萧何过于优秀，常常为百姓着想，深得民心，刘邦害怕萧何的名望超过他，以后会谋反，所以才有了以上举动。于是，萧何听从了下面人的建议，胡乱收取捐税，并时不时贪污两把。刘邦听后，觉得萧相国也不过如此，才真正放下心来。

心理智慧：

1.一个容易犯小错误的能力出众者，降低了普通人的心理压力，缩小了和平庸者的心理距离，保护了他人的自尊，能得到更多人的喜爱和追随。

2.如果你是一个“强者”,在表现自己非凡才能的同时,一定要暴露出自己的一些“小缺陷”,才显得更加平易近人。

3.如果你是一个“平庸者”,一定要显示自己的兢兢业业和谨小慎微,不断努力才能得到人们的认同和追随。

第12章

隐蔽自己，不露声色更易达成目标

不动声色，方能成就事业

一个人喜欢“喜怒形于色”，别人就能够根据他的表情揣测出他的情绪，他就少了很多威慑力。对于人们来说，最惧怕、最敬畏的人并不是易喜易怒的“猛士”，而是表面上不动声色、暗地里却有自己的主意的人。一个人能够“泰山崩于前而面不改色”只是勇敢，而如果能够在任何情况下都不动声色，不轻易表现自己的喜怒，别人就不能预测出他到底有怎样的能力和应对之策，自然多了很多威慑力。

因为这种人常常深藏不露，人们看不透他城府有多深。这是一种普遍的社会心理，人们对于自己不能轻易了解、不能轻易看透的人或者现象有一种天生的畏惧，会尽量尝试不去触动他们。古代人对于自己不能解释的现象，往往会归因于某种“神奇的力量”，天生畏惧和遵从。历代君主也总是表现自己“天威难测”的一面，轻易不会喜怒形于色，即使恨一个人恨得牙痒痒还是会不动声色地赏赐他，直到扳倒他。这种不动声色的表现就多了很多迷惑对手的因素在内。

在现代，不动声色首先意味着你是高深莫测的，你的能力不容别人小觑，起码在别人的意识中是这样的。对于不轻易动喜怒的人，人们更不敢轻易得罪。让人看不透你的才能和底细，不懂得你还有多少张底牌，这样对方自然是不敢轻举妄动的。

再者，别人不能轻易看透你的喜怒哀乐，也就不能轻易找到你的“弱点”。对方就会陷在只能观察你而不能轻举妄动的被动当中，这对于自己做事自然有很多便利之处。摸不透你的“性格”,人们就不能根据你的性格行事,你也就不会轻易陷入某些人为的陷阱。

另外,别人弄不懂你真正的心思在哪里,自然也就不知道应该在哪个方向阻拦你,往往你已经成功了,别人才能弄懂你的真正目的所在,这样在过程中就少了许多阻碍,成就事业会更加顺利。

伪装不露也是一种本事,真正有本事的人是不屑于张扬炫耀的。还记得煮酒论英雄的故事吗?刘备落魄,屈居于曹操帐下,谋臣劝说曹操早日杀掉刘备,以免日后其壮大,但因为刘备颇有仁义之名,而且关羽、张飞都是虎狼之将,曹操无处下手。刘备也只好每天种菜,韬光养晦。曹操想要借机考验刘备,于是在一个风雨天,和刘备一起喝酒,并询问他谁是当世英雄。刘备只好顾左右而言他,指出了那个时期割据势力中的几位。无奈被曹操一语点破“天下英雄,唯使君与操耳”,此语一出吓得刘备将筷子都掉在了地上。其实,这是一句试探之言,说明曹操已经看透了刘备的胸怀和谋略,不过刘备的反应则说明了他的心虚。幸好天空一个惊雷传过,刘备不动声色地拾起落地的筷子,从容道“一震之威,乃至于此”才掩饰了过去。

假如,刘备不是如此从容,而是大惊失色或者表露出一丝慌张,就极可能被曹操看出端倪,找借口杀了他。危急时刻尚且有如此急智,不动声色,也就刘备能够做到。当然,曹操也不差,当年行刺董卓,被董卓从镜子里看见他拿出了刀,他并没有慌乱,从容地拿出宝刀,献给了董卓,才退出帐外,打马而去。

只有这样的人,最终才能成为英雄,才能成就大业,这也是所有人的共识。相比之下,人们更容易相信和尊重一个不动声色的人,喜怒形于色、情绪外露常常被人们认为是不成熟、不稳重的表现。一个深藏不露的人,人们才会因为看不透他而更加畏惧他。

心理智慧：

1.平时不要把喜怒挂在脸上，否则会被人们认为不成熟、不稳重。

2.不动声色、深藏不露，让人们看不出深浅，才更容易被畏惧。

3.不要暴露自己做事的目标，就能减少很多阻力。

防止飞去来器效应，隐藏好你的目标

飞去来器是澳洲原住民使用的一种武器，这种武器在抛出去以后会重新返回来。人们用这种武器比喻一种社会心理学现象。这种现象表现为，一个人的行为结果与心理预期的目标会完全相反，这往往是由人们的情绪逆反造成的。

日常生活当中常常会发生这种情况，比如宣传自己的产品时，用一些夸张的语言反复宣传，反而容易引起消费者的反感，或者为了对其他人负责而谆谆教导，结果事与愿违，反而使被教育者越来越叛逆。当你试图说服别人接受你的观点时，对方会因为讨厌你的说服而讨厌你的观点；当你希望得到别人的认同而讨好奉承别人时，也许别人会对你越来越厌烦。

这就是所谓的“飞去来器效应”。造成这种结果的原因通常是人们的逆反心理，另外还包括超限效应，如果你的宣传过于夸张、批评时间过长、奉承过于拙劣露骨，就会引起人们的反感，造成的结果与你的预期相反。想要避免这种状况就要避免超限效应。另外还有一个可能就是目标与手段不协调一致，如果只盯着自己的目标而忘了选择恰当有效的手段，就可能引起人们的反感，从而造成结果与预期相反。

如果做事的时候，害怕因为目标过于明确受到人们的抗拒，就应该学会隐藏自己的真正目标，或者干脆在自己的目标前设计一些“烟幕弹”，让对手去抵抗这些无关大小的烟雾弹，阻碍的力量就小了，就更容易达成目标。

保险推销人员王某，在推销自己的保险之前，总是首先和那个人成为朋友，让对方知道自己是保险推销人员，但从不提议让对方接受某种保险。一次，朋友问他“你为什么不向我介绍你的保险呢”，王某回答道：“如果我的身份没有让你产生买保险的需要，就表明你是不需要的，说明我做得还不够，没有让你意识到它的重要性，急急忙忙地推介又有什么用呢?”果真，后来这个朋友把公司的员工保险都投给了王某的公司。

人们对于保险人员、推销人员普遍有一种心理上的反感和抗拒，这是由一些人的纠缠造成的。如果不那么急功近利，对方虽然知道你的最终意图，但你不打扰他，他也会容忍你，当真正产生需要的时候，你就能够达到自己的目的。如果一味宣传自己的产品，反而让人反感，连朋友也没得做，机会就彻底失去了。

不要轻易透露和强调自己的最终目标，有时候，并不用真正将目标隐藏起来，只要自己的行为方式变得更符合或迷惑人们的心理，就能够有效防止人们产生逆反心理，使结果离预期目标原来越远。

心理智慧：

1.不要轻易暴露自己的最终目标。

2.达成目标的方式应符合人们的心理。

3.遇到阻碍行为，可以适当放些烟雾弹迷惑对方，避开阻碍。

禁果逆反心理："吊吊胃口"来刺激对方

禁果逆反心理是指理由不充分的禁止反而会激发人们强烈的探究欲望，这是由人们的"好奇心"和"逆反心理"决定的。这一效应来源于《圣经》，传说中神造人以后，将夏娃和亚当放在伊甸园中，告诉他们园中的食物任由他们取用，唯有一棵树上的果子不可摘取。上帝走后，夏娃受到蛇的诱惑，偷食了善恶树上的禁果，并诱惑她的丈夫也吃了善恶果，结果受到上帝的惩罚。

人们常常认为，禁果格外香甜，越是禁止，尝试的欲望反而越强烈。利用人们的这种心理，可以适度禁止人们做某件事，而完全不必给出合理的理由，吊吊人们的胃口反而更容易促使人们去做某些本来不喜欢做的事。

禁果逆反心理在日常生活中常常被人们使用，比如，人们可能会把某些动物不喜欢吃的"猫粮、狗粮"放在一个盖着盖子的容器里面，引得猫儿狗儿垂涎三尺，自然趁主人不注意就舔舐干净了。把牛不喜欢吃的青草放在房顶上，让它们只有费力抬头才能够到，刺激它们的食欲。对孩子的教育也往往采用"吊胃口""卖关子"的方式来激发他们的兴趣，促使他们解决难题。

这种方式往往能够毫不费力地使人们按照自己的想法去做事，比起直接要求他们做有事半功倍的效果。

土豆在法国的广泛种植，就是一个典型的利用禁果逆反原理来推广新事物的过程。在当时的法国，土豆被称为"鬼苹果"，农民都不愿意引种，土豆的推广种植遇到莫大阻力。这时，法国农学家帕尔曼想出了一个好主意，他要求法国国王给他一队卫士，在一块贫瘠的土地上种上了土豆，并让那些全副武装的国王卫队看守。夜晚后，卫队撤走，人们开始偷偷从家中跑出来，挖走种好的土豆种到自己的田里，“卫队看守的肯定是珍贵的好东西”。于是，土豆的种植开始迅速在法国得到推广。

其实，土豆还是原来的“鬼苹果”，但是因为“卫队的看守”给它披了一层神秘的外衣，而无法知晓的“神秘事物”——没有原因的不允许或做不到的事情比能够接触到的、能够做到的事情对人们有更大的诱惑力。这种禁止反而会促进人们渴求接近和了解的欲望。

所以，在运用这种效应时，一定要注意不要对信息进行完整的表达，比如说“你不能吃这种食物，否则会中毒”，给了这样一个原因，这件事就已经完整了，人们是不会去触碰的，而仅仅说“别吃这个”而不给出确切原因，那个关闭的信息就会在人们心理上造成一种接受空白，这种空白就会强烈刺激人们的窥视欲望，从而非要做到不可。

金利来领带的广告就运用了这一效应。金利来刚开始并没有产品上市，只是进行了一系列的广告轰炸。那时候，产品还没有如今这么丰富，广告更是少见。金利来进行了一系列广告宣传，连街上小孩子都能够熟练喊叫金利来的广告“金利来领带，男人的世界”，但是，市场上却长期没有产品。经过一段时间“有钱没处买”的憋闷后，金利来领带一上市就被人们哄抢一空，成功奠定了金利来在香港的名牌地位。现在很多的奢侈品也往往利用这种手段来促销，他们的很多产品都是限量款的，因为限量造成了部分禁止，就容易引起争相购买。

学会深藏，就是学会态度的半遮半掩，学会行为的“欲迎还拒”。当你希望事情朝着某个方向走的时候，不妨不要把所有的信息都放出去，放出一半留下空白。留下让人们窥探的空间就等于留下一个“香甜的诱惑禁果”，吊一吊胃口，人们自然会按照你的意愿和预期的方向去做事。

心理智慧：

1.日常做事的过程中也不妨适当吊吊人们的胃口、卖卖关子，如此才能起到更好的效果。

2.“千呼万唤始出来，犹抱琵琶半遮面”的效果，比直接的暴露更能够引起人们的遐想。

3.半禁止半推却的行为比直接的命令更容易让人接受。

动机适度定律：掩藏动机最终才能达成所愿

动机适度定律意思是，只有适度的动机才能帮你真正达到目的；如果动机太强，反而会因为自身的紧张或者遭人反对而发挥不出自己的真正水平，事情也不可能顺利。其表现为，在比较容易的任务中，工作效率随动机的提高而上升；随着任务难度的增加，动机的最佳水平有逐渐下降的趋势。一般来讲，最佳水平为中等强度的动机。

这段话可能比较难理解，想一想生活中的某些事情，如果你非常精于做饭，是不是想做得越来越香？如果你对开车的技术不太熟悉，那么你是在公路上开得好还是在泥路上开得更好呢？是不是有时候，越想开得好，往往越做不到？这就是动机适度定律的真正含义。只有动机是适度的，精神才能

放松，事情才可能做得更好。

孔子和他的弟子颜渊就有一段关于“驾船如神”的故事，讲的是颜渊向孔子请教说：“我曾乘舟渡过一个深潭，艄公驾船的本领神奇莫测。我问艄公可不可以学会这样的驾船技术，艄公回答说会游泳的人很快就会学会；要是会潜水的人，就算从来没见过船也能够操作自如，但艄公却不肯进一步解释原因，请先生讲一讲是怎么回事。”

孔子沉吟了一下，回答他：“会游泳的人很快就能学会，是因为他们通水性，不把水放在心上。会潜水的人就算从来没见过船，一下子就可以驾船，是因为他看待深渊就像地上的小山一样，看待翻船落水这回事就像在路上倒车一样。翻船也罢，倒车也罢，在他眼里简直太平常了，他根本不会放在心上。这样的人，不论什么时间、什么地点，他都安闲自在。”

然后，又给他打了一个比方，如果一个略通赌术的人用瓦块为赌注，心理上就会毫无负担，赌起来就会轻轻松松，因为对输赢处之泰然，获胜的概率就比较大；如果用衣物之类来做赌注，他就会有些顾忌；而如果用黄金做赌注，就会因为顾虑重重而患得患失，他的技巧难以发挥就容易输掉了。但是相反，如果一个人精于赌术呢？用石子赌就会无所谓，用黄金赌就会看得很重，自然要非赢不可，手起手落之间反而更利落，赢的概率也就大了。

这段话向来是解释动机适度定律的经典，当然它还可能有另一层含义：如果我们做某件事的动机过强，一定要做成某件事，因为自己的慎重就会引起旁观者甚至对手的注意，他们就有可能千方百计进行阻拦和反对；而如果自己一副无所谓的样子，虽然成竹在胸但是轻松自然，别人就可能因为你的态度而产生迷惑，这种反对就会相对减轻。

一个人的态度也能够影响到旁观者甚至对手的态度，使得事情的发展产生不同的变化。比如，当你做一件不太熟的事情时，旁边越有人参观，你大概会越紧张；而如果你越想一定要做好，不要让别人看笑话，那个旁观者就越容易干扰你的情绪，从而让你成为笑柄。

这时候，掩藏自己的动机才可能让人们忽视你的野心和势在必得的决心。大家都轻松地对待，事情才有可能得到更顺利的发展，比如刘备在有自己的势力之前，从来不表露自己的雄心抱负，更没有一定要几分天下的打算，只是明白自己迟早要闯出一番天地。直到后来诸葛亮为他分析天下大事，定下了三分天下的策略。如果他一早确定“三分天下”或者“一统中原”的目标，会不会早就被害了？

心理智慧：

1.平时做一件事情也要找一个适度的动机，不要让自己的压力太大，更不要让别人感觉到太大威胁，否则，就可能出现不少反对者。

2.你越固执己见，反对意见就会反弹得越厉害，做起事情来阻碍也会越大。

3.掩藏好自己的真实动机非常重要，只有看起来轻松自然没野心，才会最终满足自己的野心。

遮蔽效应：韬光养晦者更易有所成就

遮蔽效应是指，人的耳朵对声音频率的敏感地带表现为强信号会遮蔽临近频率的弱信号。在心理学领域，这种遮蔽效应表现在，当发生某件事时，人们对此的反应会与真实的情况有所差别，人们的知觉往往会被某些心理学效应或者某些人的表面表现“遮蔽”。

生活中,我们往往会有这样的体验:在安静的房间当中,就算一根针掉在地上都能听见;而到了大街上,就算将手机铃声调到最大,来电时也未必能够听见,手机的声音并不小,只不过被周围更大的声音遮蔽了而已。当同样优秀的三个人一起面试的时候,因为前两个人的光芒会使得第三个人即使同样优秀也会被感觉平庸。除非他表现得更好、更优秀,这就是因为他的光芒被前两个人遮蔽了或者因为面试官的“审美疲劳”。

这种效应如果能够拿来利用它韬光养晦,未必不是一个好的方法。有句古话叫“小隐隐于野,中隐隐于朝,大隐隐于市”意思是,真正的隐士并不是将自己隐居于山野之中,用环境去达到物我两忘的心境,而是隐居于市井之内,让红尘中的人群彻底将自己遮蔽掉,自得其乐,可见其高明之处。刘备作为“皇叔”曾经卖草鞋,关羽、张飞也是市井人物,真可谓大隐隐于市了。如果能够向他们学一学,在自己没有露出才华的时候,将自己隐蔽起来韬光养晦,就能够少很多俗世的烦恼,也少了很多被对手注意、摧折的机会,也就能够等到自己真正发出耀眼光芒的那一天。

“珍珠”只有把自己隐藏在贝壳中,才能在面世时让人们惊艳;真正的英雄必须将自己的光芒遮蔽在其他人的光芒之下,才能躲过数不清的明枪暗箭,最终成为英雄,尤其当自己处于弱势时,更是如此。

在平时,我们也要学会韬光养晦,除了隐蔽自己的光华以外,不妨为自己的对手制造一些锋芒毕露的强大势力,让自己隐蔽在他们的光芒之下,在夹缝中求生存、求成长,反而能够更加安全地快速壮大。

刘邦在鸿门宴之后,接受了项羽的分封,被封为“汉王”,但心中并不甘心。项羽对他也不放心,因为毕竟是他最先攻进了咸阳,又有一大批谋略过人的手下。于是,刘邦在去领地的途中烧毁了栈道,表白自己并没有向东扩张的意图,因为自己一旦要出汉中,必要重修栈道,从而被项羽觉察。与此同时，他还采取了另一个策略，让张良给项羽写信蒙蔽项羽："汉王名不符实，欲得关中；如约既止，不敢再东进。"然后，将田荣反叛的消息告诉项羽"齐国欲与赵联兵灭楚，大敌当前，灭顶之灾，不可不防"，将项羽的注意力引向了东部，放松了对刘邦的防范。

这就是遮蔽效应最好的运用之道，将自己的光芒隐藏在他人的光芒之下。太阳之下不见群星，但群星并非消失了，只不过是减弱了自己的存在感，也就减弱了在他人眼中的威胁感，就更容易成就大事。

心理智慧：

1.学会韬光养晦，不要急于表现自己，风头太盛必遇摧折。

2.当自己的才华引起他人注意和攻击的时候，不妨将自己遮蔽在风头更健的人身后，减弱自己的威胁感，为自己争取壮大的时间。

第13章

立足高远,巧妙用心为己铺设前程

互惠关系定律：有付出才有收获

心理学上的互惠关系定律由心理学家霍斯曼提出，他认为人与人之间的交往本质上就是一种社会交换，而这种交换跟市场上的商品交换所遵循的那些交换原则是一样的，也就是说，人们都希望在交往中，自己所得到的多于自己所付出的，但通常付出与得到只有对等才能使这种关系维持下去。用俗语表达就是“给予就会被给予，剥夺就会被剥夺；信任就会被信任，怀疑就会被怀疑；爱就会被爱，恨就会被恨”。

根据这一原理，想要日后得到更多人帮助，你就应该不要吝啬付出，使交往满足彼此间的某种需要，这样才能使这种关系维持下去。想要为日后铺设好前程，就应该在今日努力帮助他人。每个人都不想成为忘恩负义的人，今天你帮助他，日后肯定能够得到他的某种回报。

《权谋书》中记载了这样一个故事：赵宣孟在去绛的路上，看到枯桑下有一个快要饿死的人，就下车喂他食物。赵宣孟给他饮食，并送给他两块肉。他行礼接受了却不吃，问他为什么，他回答刚才吃的食物味道好，要送给老母亲吃。宣孟说：“你先把这个吃掉，我另外再给你。”于是又替他盛了一些食物，另外又给他两块干肉和一百个钱。

这点儿小小的恩惠就使得赵宣孟获得了他的救助。三年后，晋灵公想要杀宣孟，于是把宣孟叫来一同喝酒，房中埋伏刺客。宣孟得知后逃了出来，刺客在后面追赶，不久一个人追上了宣孟，看到他后大惊：“果然是你！让我代你牺牲。”原来这就是那个枯桑下快要饿死而被赵宣孟救了的人，他

返回身与其他的武士相斗而死，赵宣孟却活了下来。

这就是帮助他人得到的回报。人是三分理智、七分情感的动物，如果你帮助了别人，别人就会想着把恩惠还给你。想要明天有人为你效劳，今天就要不吝付出，多结交一些朋友，施予一些恩惠，这样在锻炼自己的同时也能够得到人心，付出的同时也是在为自己的前程铺路。

无论做事还是与人交往，我们都要站到一定的高度去看待。只有高瞻远瞩，不过于计较今日的付出甚至“吃亏”，你才可能得到长期的回报。

有个老板，没有文化，也没有背景，但他的生意却出奇的好，而且历经多年长盛不衰。其实他的秘诀很简单，就是他跟每个合作者一起合作的时候，都只拿一小部分利，把大头让给对方。如此一来，凡是与他合作过一次的人，都愿意与他继续合作，而且还会介绍一些朋友成为他的客户，甚至朋友的朋友也都成了他的客户。人人都说他好，因为他只拿小头，但所有人的小头集中起来就成了最大的大头，他才是真正的赢家。

还有一个小生意人，这个人不识数，也不识字。他做生意的方法就是告诉人家他的东西的单价，然后让别人帮他算出总数，再付给他钱。每次他都是对别人说“我不会算数，您看着给吧”，然后再送给别人一些小东西，但是并没有任何人欺负这位不会算数的憨厚人，因为他把“信任”这种最宝贵的东西给了众人，人们回报他的也就只有“诚实”。

无论做人还是做事，都不要吝啬付出。今日的付出是为了明天可能得到的回报。无论你付出的是礼物、人情、为人效劳还是信任、尊重，这些东西最终都能够为你的人生积累声誉和德行，这些恩惠就会最终为你带来丰厚的“福报”。

当然，施恩、付出也要有度，超过一定的度就可能得到相反的结果。在施恩、帮助别人的同时，一定不要有“不计回报”的暗示，否则就可能真的变成了一个单纯的“老好人”。得到对方的感激，应该暗示对方“这点小忙不算什么，日后有机会说不定你也能帮上我”，有这样的暗示才可能真正在日后得到帮助。

心理智慧：

1.为别人效力，应该不遗余力，这样既可以锻炼自己、获得经验，也可以在日后得到别人的帮助和提携。

2.帮助他人就等于帮助自己，多做些雪中送炭的事更利于自己日后的发展。

3.从长远来看，吃亏是福，吃点小亏会带来更多发展机会。

特里法则：愿意承担责任，才能担当大任

特里法则是美国田纳西银行总经理特里的一句管理名言：承认错误是一个人最大的力量源泉，因为正视错误的人将得到错误以外的东西。承认错误就意味着承担责任，其实很多人之所以不愿意主动承认错误就是害怕承担相应的责任，害怕承认错误会丢掉自己的面子。

事实却证明，人们更钦佩一个敢于主动承认错误、承担责任的人，因为当普通人没有勇气承认错误的时候，就会对主动站出来承认错误、担当责任的人格外尊敬。因此，犯了错误承认得越及时，就越容易得到改正和补救；不但如此，主动承认错误会比别人提出批评后再认错更能得到别人的谅解。

人们也普遍认为，一个勇于承担责任的人是值得信任的。领导者也更重视敢于承认错误、承担责任的人，而对于争功诿过的人则会非常不屑。人

们的重视就是一个人日后能够成功最大的资本。

有这样一个故事，一个寺院的住持方丈已经老了，于是想要找个弟子传承衣钵。一天，他把所有弟子都集中到自己的院子里训话，问他们谁拿了自己的佛经。和尚们大眼瞪着小眼，没有人承认，于是方丈罚他们抄写经文；三天过去了，还是没有人承认，方丈就罚每个人都要挑水；更长的时间过去了，方丈再次询问，还是没有人承认。方丈叹息一声，想要放弃了，这时从队伍中走出一个弟子："没有人承认，就算是我拿了，丢了哪本经书，我去抄一本回来吧，不要罚他们了。"这时候，方丈微笑着看了看弟子，从自己的袖子里拿出来一本经书，"是我自己拿了，但是你愿意承担责任，寺院交给你，我很放心。"于是将自己的主持之位传给了这位弟子。

人们往往更愿意信任那些为自己或他人的行为负责任的人，所以承认错误、承担责任并不会毁掉你今后的道路，真正会阻碍你的是那种不愿承担责任、不愿改正错误的态度。正视错误的人，能够得到错误以外的东西，其实也就是得到经验和教训。

虽然承认错误难免暂时"丢面子"，毕竟谁都不愿表现出自己薄弱的一面，但是长远来看，对自己确实有好处。主动承认错误总比被他人指出来再加以指责有面子得多；设法掩饰错误反而可能将娄子越捅越大，如果被其他人揭发出来，更有可能失去人们的信任，让看重你的人也失望。再者，想方设法地掩饰错误、推诿责任，即使这一次能够混过去，日后遇到同样的事还会重复以前的错误，所以回避自己的失误才是致命的错误。

美国第39任总统吉米·卡特，因贸然下令特种部队发起拯救驻伊朗的美国大使馆人质的"蓝光行动"，结果遭到惨败，令他在选民中的声望一落千丈。他立即在电视中发表郑重声明"一切责任在我"，仅仅因为这一句话，卡特总统的支持率骤然上升10%以上。虽然后来总统竞选败给了里根，但他从未放弃拯救人质的努力，最终伊朗在卡特离开白宫的那一天释放了所有人质。

这一勇于承认错误并勇敢承担责任的行为，被许多美国人支持和津津乐道。对于一个领导来说，勇于承担责任会使下属更有安全感，因为下属最怕的就是自己做错事，尤其是在自己花费了很多精力还是出了错的时候，领导的担责任会使下属感激不尽，还能够促使下属反思自己的错误和缺陷，同时更有利于形成勇于认错的风气。

心理智慧：

1.无论对下属还是上司来说，敢于承认错误、承担责任都能够得到人们的信任和尊重，得到更多赞赏和认同。

2.只有愿意承担责任，才能在未来的时候担负起更重的任务。而那种只想着自己的面子，出了问题就推卸责任的人则会受到大家共同的抵制。

3.想要得到人们的尊重和信任，就应该看得远一些，愿意主动承认错误、承担责任。

路径依赖原理：让人们始终选择你

路径依赖原理由诺贝尔经济学奖的获得者美国经济学家道格拉斯·诺斯提出，含义是人们一旦做出某种选择，就好比走上了一条不归之路，惯性的力量会使这一选择不断自我强化，并让人们不能够轻易走出去。

这一现象在生活中总能够不断得到验证：比如，你第一次选择在哪家服

装店买衣服，就会一直去他家光顾，有时候即使明知道他家的并不是最好的，也总是习惯性地选择他家。你选择某个顶尖的品牌，就会不断拥有这个品牌的用品，所以很多人的生活用品都是成系列的。

所以，想要日后有人帮助你、追随你，就要让人们在一开始就信任你、愿意追随你，这才是最好的办法。让别人愿意信任你的方法就是你自己有足够的能力。自己的选择第一次就是正确的，有一个好的开始就等于成功了一半。

孔子曰："少成若天性，习惯为之常。"意思是保持一种习惯就会形成一种天性，塑造一种好的习惯就等于向成功迈进了一步。在职业生涯中，一个人也无法摆脱这种路径依赖，所以一旦选择了自己某种做事的方法，比如"小事殷勤的做法"或者"奉迎上司、谄媚的做法"，我们的人生轨道就会变窄，以后就很难改变它了。一方面固然是因为我们自己难以改变，另一方面则是舆论的压力，人们会固守成见地认为你就是个"打杂的"或者"拍马屁的"，做出改变会让人们觉得你"虚伪善变"。

所以，唯一可以做的就是谨慎选择自己刚入职场的行事风格，然后不断坚持这种风格，并让人们认可和追随它。一旦别人接受、认可了你的这种行事和做人风格，决定追随和模仿你，那么他接下来就会不断按照自己的这个选择进行下去——或者与你友好，或者追随你，或者与你成为对手。只要让人们选择你、认定你，他们就会一直认定下去，甚至你有了自己的事业也会支持你。

要为自己铺设前程，就要谨慎开始自己的第一步，好的廾始就是成功的一半。戴尔电脑是一个财富的神话，这个公司有"直接销售模式"和"市场细分方式"两大法宝，其实戴尔早在少年时代就建立了这两种行为方式。

他 12 岁时，因为想省钱，于是不再在拍卖会上卖邮票，而是说服一个喜欢集邮的邻居把邮票委托给他，然后在专业刊物上刊登自己卖邮票的广告。结果第一次他就赚到了 2000 美元，尝到了“抛弃中间人”的甜头，于建立了自己“直接销售”的行为模式。

开始做电脑生意时，发现顾客因为有不同的需求往往需要不同的电脑硬件，但是因为大部分经营电脑的人本身并不太懂电脑，无法为顾客提供技术支持，所以他又开辟了自己独特的行为方式：自己改装或者买零件组装电脑，根据顾客的直接要求提供不同功能的电脑。于是，“市场细分”的行为模式就诞生了。

这是一个人成功的行为模式。只要建立一个好的做事方法、一套正确而行之有效的行为方式，你就可能以最快的速度取得成功。而且，如果这种方法能够得到人们的认同和接受，人们也会不自觉地采用你的方法并且支持你、追随你。一个人除了做事能力会出现这种情况以外，对人脉的把握也是这样的。如果你始终表现出一种让人尊重的品德、一种使人追随的风格，那么别人就会选择支持你、信任你、追随你；而如果你选择的是“谄媚”“欺上瞒下”的行事和做人方式，即使人们不敢得罪你，也绝对不可能心甘情愿地追随你，更不可能给你尊重和信任，你日后的事业也会受到很大的挫折。

想要别人始终支持、信任和尊重你，就应该拥有一种别人认同的品格和习惯。刘备赖以让人追随的品格就是他的“仁义”，关、张两位正是看到、认同和敬佩他这一点，才与他结义，最终追随了他一生。

心理智慧：

1.选择正确的行事方法去坚持，有好的开始就会走上成功的道路。

2.选择一种美好、人们愿意追随的品格坚持下去，人们就会由始至终支持你、帮助你。

朋友用时方恨少,在平时就多联系

想要喝一杯酒,总要在几年前就开始酝酿,否则是不可能马上喝到的。有人说“可以马上买到呀”,不错,但那是一种金钱交换关系,如果你要做的事是金钱无法交换的或者你没有那么多的金钱呢?

这世界上有一种关系叫做人情。优秀的管理学家们都说投资它永远都不会产生亏损。在关键的时刻,你总要用到人情,但人情并不是见过一两次面就会自动产生,如果你急功近利,钓到的鱼就不再喂食,那么再多的人际关系也不可能在关键时刻就能够用上。

王经理在为儿子上重点高中的事情着急,他四处托关系、找路子、请客送礼,急得嘴上都起了泡,事情还是没有着落。一位朋友看到这种情形,说道:“现在这种情况,除非你能够拿出一大笔钱或者帮助学校解决一些重大的事,才有可能让你的孩子上重点。单纯的请客送礼是绝对不管用的。想要用请客的方式解决事情,你应该在很久以前就结交教育界的朋友。”“什么时候?多久以前?”“在你的孩子上小学二年级的时候。”

人们常说“平时不烧香,临时抱佛脚”,如果你心中根本就没有佛祖,有事才来恳求他,他是不会理会你的。心胸宽广的菩萨尚且如此,何况是人呢?所以,想要关键时刻有人帮,平时就要多联系、多结交好友,不断维护、修复自己的人脉。每个人心中都是有底的,谁是自己真正的朋友,谁只不过在利用自己,谁可帮谁不可帮,如果一个人平时跟你来往不多,有事才来恳求你,你会甘愿做他的工具吗?可见只有真心的结交才可能带来真正的回报。

战国时期的孟尝君喜欢招纳各种能人异士，号称门客三千。他对宾客来者不拒，有才能的各尽其才，没才能的也提供食宿。后来，秦昭王想要找个借口杀掉他，就将他软禁了起来。他手下的门人就偷来了某个宠妃最喜欢的狐裘，于是宠妃说情放了孟尝君。孟尝君不敢久留，就趁夜快马出城。走到函谷关的时候，城门已关，守门人一定要等到鸡叫才开城门。正在着急之时，门客中有人会学鸡叫，于是几声啼叫引得附近所有的鸡都叫起来，城门大开，大家逃出城去。孟尝君就是靠此公才保得性命逃出城去，如果不是他平时有意结交众多门客，关键时刻去哪里寻求帮助？

人们的心理都有相通之处。“平时多烧香，急时有人帮”，只有平时不断联系，维护你们之间的感情，让别人认为你和对方交往完全是为了两人之间的情意，而绝不是利用别人，别人才可能在关键时刻心平气和地帮你。否则，着急的时候，你就只能感叹平时为什么不多结交几个朋友了。

如果没有平时对感情的投资，关键时刻想要以小搏大，以为送几次礼就能够解决事情，不是在痴人说梦吗？记得冠缨索绝的故事吗？楚国大军压境，齐威王派淳于髡出使赵国请求救兵，只携带礼物黄金百斤、驷马车十辆。淳于髡仰天大笑，将系帽子的带子都笑断了，然后讲了一个只拿一只猪蹄、一杯酒却要求神将所有的谷仓都装满的故事，笑那个人拿的祭品很少而祈求的东西太多。于是，齐威王将礼物增加到黄金千镒、白璧十对、驷马车百辆，于是求到了精兵十万、战车千辆。

可见，关键时刻求人如果没有人情，也不是不可以获得帮助，但肯定要付出巨大的代价。这种代价却并不一定是你能够付出的，也不一定就有这样的机遇。想要获得支持和帮助还是要靠平时多联系、多沟通，这样一旦有事就不会发愁找谁帮忙了。相信很多人都有过这样的经验：当你遇到困难，

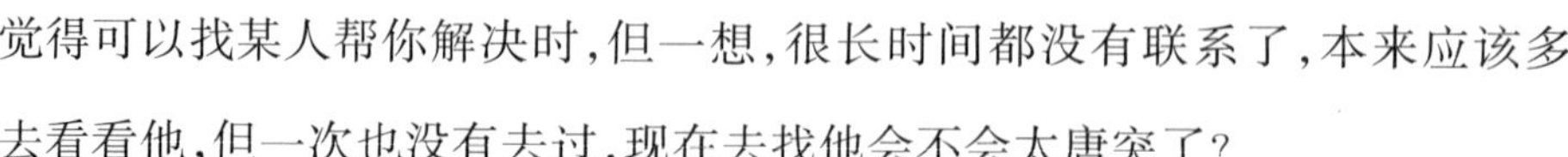

觉得可以找某人帮你解决时，但一想，很长时间都没有联系了，本来应该多去看看他，但一次也没有去过，现在去找他会不会太唐突了？

如果你总是遇到这样的尴尬，就应该反思自己的交友方式了。在平时就应该和朋友多联系，鱼钓上来更要勤喂食，否则迟早也会溜掉的。

心理智慧：

1.平时和朋友多联系，关键时刻才能有人帮。

2.高瞻远瞩，多结交有志之士，才能在将来成就事业的时候有人支持。

克服约拿情结，才有光明前程

约拿是《圣经·旧约》中的一个人物，他渴望得到神的差遣，当神终于给他一个任务时，他却抗拒了这个任务。美国社会心理学家据此提出一个概念“约拿情结”，认为人们不仅仅害怕失败，也害怕成功。

人们内心深处存在着一种渴望成长然而又害怕成长的潜意识，这种潜意识常常表现为在机遇面前的自我逃避、退后畏缩，导致自己不敢去做本来能够做得很好的事，甚至逃避发掘自己的潜力。

在日常生活中我们也常常有这种体验，自己好不容易争取的一个机会，当真正面临那一刻的时候常常会出现一种茫然或者畏惧的情绪，从而不敢去真正实现它；好不容易达到了某个高度，眼看马上就要成功，却莫名其妙地觉得乏味，甚至决定放弃；上高中的时候，对大学的自由总是抱着一种敬仰然而又恐惧的情结，甚至在入学之初会有一阵茫然不知所措、前途未卜的错觉。这一切都是约拿情结在作祟。对于一个人的发展来说，约拿情结会阻碍一个人的自我发展、自我实现。

在日常的生活和工作中，我们要注意克服这种情绪，否则终究会对自己事业造成阻碍和损失。

马斯洛在给他的学生上课时问道："谁想写出美国最伟大的小说?""谁渴望成为一个圣人?""谁将成为最伟大的领导者?"面对这几个问题，同学们的反应常常是红着脸咯咯笑或者不安地动着身体。当马斯洛问道："你们正在悄悄写一本伟大的心理学著作吗?""你们难道不想成心理学家吗?"同学们的回答却是肯定的。想要成功降临，却不敢或绝不轻易表达自己的这种愿望，对于想要成功的人来说是一个致命缺陷。

人们常常妄自菲薄，不敢把自己真正的愿望表露出来，不仅仅是因为害怕得到周围人的嘲笑，也是对自己的不能肯定。像少年周恩来那样敢于说出"为中华崛起而读书"的人并不多，沉默寡言、谨小慎微并不是通往自我实现的理想途径。如果你仅仅是害怕周围的嘲笑的话，不妨把自己的雄心大志藏在心里；但是，妄自菲薄、逃避发掘自己的潜力、遇到机会不能好好把握，对于自己的前途就是非常严重的阻碍了。

人的心理是非常复杂的，当你非常渴望一件事的时候，往往事到临头却伴随着迷茫；对成功者感到敬佩但面对成功者会感到不安、焦虑、慌乱和嫉妒；我们不但害怕自己被别人看不起，也害怕被别人嫉妒。这些矛盾的情绪会使一个人的精力遭到严重的内耗，最终使得一个人一事无成。

从长远来看，一个人想要成功就一定要克服约拿情结，这样才能实现自我成长和突破，否则就等于为自己埋了一颗不定时炸弹，会在关键时刻让你离成功总是有一步之遥，甚至从成功的巅峰掉下来。

心理智慧：

1.一定要在平时就注意自己有没有“我不配”“我受不了”的念头，有没有事到临头却迟疑甚至放弃的行为，如果有的话一定要积极克服。

2.在面对责任和压力时，要克服恐惧和害怕心理，相信自己，不断挖掘自己的潜力，不断突破自我。

3.面对机会，要敢于抓住，敢于毛遂自荐。当你恐惧的时候，不妨把你内心成功的希望说出来，一旦说出就算为了面子也会努力实现它。

第14章

如何求人，让你轻松获得他人帮助

互惠互利原则:主动向对方展示出你的“利用价值”

向别人请求帮助一定要坚持“互惠互利原则”,如果对方看不到你的“利用价值”,又怎么可能会轻易帮助你、支持你呢？人与人之间的交往大多秉持平等交换原理,如果拿不出相应、等价的交换物,你与众人的关系维系就比较困难。让对方看到你的“利用价值”或者“潜在价值”,对方才可能轻易帮助你,以图日后能够得到你的帮助和支持。

日常生活中我们往往可以看到,一些寻物启事往往最后写着“必有重谢”等,这就是利用人们的互惠互利心理,你把捡到的东西还给我,那么你将获得名誉和酬谢;一个人请求别人的帮助往往会选择首先送一些礼物,无非是以此打动别人的心,虽然欠的人情或钱最终都要还;谈相互合作时,处于弱势的一方往往要提供更大的优惠回报对方,这些遵守的都是平等互利的原则。在多边贸易或合作时,这种原则体现得更加明显。

求人帮助,让对方因为同情你而帮助你,那就落了下乘,再者无利的事对方也不一定甘愿因为同情而帮你。让他看到因为帮助你可能带来的好处,看到你的“可用价值”,才可能甘愿帮你。

许多人大概都学过《烛之武退秦师》的文章,说的是晋文公和秦穆公联合攻郑,烛之武仅凭一张利舌,就让秦兵退去的故事。那么,烛之武的说服之策是怎样的呢？他见到了秦伯,首先说:“秦、晋围攻郑国,郑国要灭亡了,

但我不是因为此事来麻烦您，而是为了秦国的前途啊！”然后说：“郑国灭亡实在无益于秦，还会大损于秦啊！郑在晋国的东边，而秦国在晋国的西边，秦与郑相隔千里之遥，中间隔着晋国，您能够从灭郑中得到一寸土地吗？灭掉郑不过是给晋国增加土地罢了，邻国的势力雄厚了，您秦国的势力也就相对削弱了，稍有头脑的人都不会出此下策。”

然后，他再说晋国的侵吞策略，“总是以对外兼并作为自己的国策，今天在东边亡了郑，明天就会西扩，西边就是秦国啊！”又讲出不久之前，晋国借道虞国灭虢国，但最终，虞国也没有能够得到保全，晋国反戈一击就灭掉了虞国。秦国此番的表现又与虞国有什么不同呢，下场又会有什么不同呢？

然后，他提出了对对方有利的优惠条件，希望与秦国订立盟誓、归顺秦国，如果秦国在东方有事，郑国会竭力相助，并愿意作为秦国的“外府”，两国相互呼应，没人敢欺负。一番话说得秦伯心悦诚服，与郑国签订了盟约然后撤了军。

春秋战国时期的纵横之术多数是利用了国家间的形势来进行联盟或征战瓦解，怎样使得一个国家愿意出兵或者退兵呢？礼物已经不算最好的方法，共同的利益、对于国家强弱的分析和互惠互利的关系才能够真正打动人心。

在请求别人帮助的时候也是如此，如果你能够分析清楚共同面临的局面，让对方看到你的“利用价值”，即使你不请求他帮助他也会主动帮你，尤其在多方合作与竞争的情况下更是如此。

记得刘备借荆州的故事吧？荆州是军事要塞，本来有八个郡，赤壁之战以后，魏、蜀、吴瓜分了荆州：曹操有南阳、襄阳两郡；孙权保有南郡、江夏两郡；刘备占据了武陵、长沙、零陵、桂阳四郡。那么，孙权为什么要把自己的两个郡借给刘备呢？因为他需要刘备与东吴一起抵御曹操，一则让刘备充当抗曹的战略前哨，二则以此向刘备表示友好。如果不是刘备本身具有的兵力和权势能够帮助东吴，做东吴的战略前哨，孙权怎么可能眼睁睁看着刘备壮大还帮助他呢？

现在就看看自己有什么长处，有什么资源是别人没有的，找到自己的利用价值，然后用这种价值去交换别人的帮助，既不会落于人下，又可让人情愿帮助你，这才是上策。

心理智慧：

1.在个人问题上如果想得到别人的帮助，就要表现出自己的独特才能，或者才华出众，或者有一技之长，或者人脉广阔，或者资源雄厚，或者能够帮助对方一起对抗竞争对手，总之一个人不能够赤手空拳地求得别人相助。

2.一个人必有所持然后才能被别人重视，才能让别人心甘情愿帮助你，否则，就只能被动地等别人的同情、施舍。

给对方一顶“高帽子”，出于面子他也会帮助你

求人办事如果能够触及一个人的优越感，那么事情就很容易办成。将对方适当抬高，触及他的虚荣心和优越感，为了自己的面子，他也会很容易地答应你。

生活中我们常常看到这种现象，当一个人被别人刻意恭维得太高的时候，他往往不愿意承认自己的本来面目，而宁愿享受别人恭维，比如在购物

的时候，销售员一般会说“看您这气派，不差这点钱”，一般顾客就会很痛快地买单；对一个孩子说“这孩子平时可乖了，说让干什么就干什么”，然后再让他帮你拿个凳子，他往往立刻就去了；当一个人向你说“能不能请教您一个问题”，此时，前辈的身份往往使你知无不言。

当一个人的优越感被触及的时候，他就会不断想和对方亲近。跟对方谈论某件事情或者求别人帮忙办某件事的时候，不妨先给对方戴一顶高帽子。“我想这件事情，只有您才能够办得成”“听说您交游广阔，和某某是极好的老交情，那他一定会给您面子，您帮帮我吧”等，这些首先把对方抬得太高的恭维性语言会把对方的虚荣心提到最高点，此时再说出你的要求，对方不答应就会觉得有失面子，往往很轻易就能够答应你的要求。

还记得马克·吐温的小说《羊皮手套》吗？主人公跟着船上的“权贵”们去小百货商店买羊皮手套，结果店里的漂亮职员给他拿了一副他并不喜欢的手套，并不断夸奖“像您这样的戴蓝色手套更好看”；尺寸太小了，小姐告诉他：“啊，正好！”“哟！我看您是戴惯了羊皮手套！不像有些人戴这手套总是笨手笨脚的。”结果主人公把手套都撑裂了，漂亮职员还在恭维：“哟，您真有经验！”“这双手套就像为您量身定做的一样——您的手真细巧——万一绷坏，您不必付钱。”“我一向看得出什么样的先生最适合戴羊皮手套。像您这样的人戴才显得大方，只有老资格才会这样。”结果主人公被戴了不少高帽子，还觉得自己不能不识抬举，并为那双破掉的手套付了钱。

就是因为销售员抬高了他，把他归到了“权贵”一族，他就被别人的好话套牢了，让自己陷入了窘境。这样的例子在日常生活中并不少见，店员一句“看您就是不差钱的”，你也许就会多买几倍的商品，不管自己是否需要。

向人求助也不妨首先将对方恭维一番，激起他在某方面的优越感，再谈话、求助就比较容易了。比如，想要向别人请教一些技术方面的问题，就可以首先恭维道:“我听说您在这方面是个高手,还没有哪方面的情况您不了解,没有您解决不了的问题,我想请教一下……”出于虚荣心对方也很容易给出答案。如果求人办事,就可以在恭维的基础上适当“激”一下,如“听说您对局里的人都很熟,不会帮不了这个小忙吧”等,都可以让对方为了面子帮上你。

一位销售员就是这样让一个杂货店的老板签了供应合同的,他首先到杂货店里,以紧张的态度说道:“对不起,老板,我是公司新来的业务员,我知道您是个经验丰富的人,不知道您有什么经验可以传授给我,请您教给我应该怎样做吧。”老板被他刺激起了自尊心,于是滔滔不绝说起了生意经,一直讲了两个多小时,传授了他很多销售技术,临分手时还许诺要从他们公司订购一批产品。

一些会员制的高级俱乐部、高尔夫球场、健身房等,他们在征收会员的时候,往往也会运用人们爱面子的心理,采用邮寄广告的方式做宣传。他们的广告除了介绍产品和服务之外,一定有一些诸如“只有您这样身价百万以上的人才能够被邀请参加”“唯有像您这样懂得生活艺术的人,才能够品味其中的美好”等来恭维话刺激对方的虚荣心和优越感,对方就可能甘愿成为会员。

心理智慧:

1.求助之前首先在某方面恭维对方,恭维的方向要正好是所求的方向。

2.使对方产生优越感,可以用“请教”等谦虚语言。

3.不妨用“只有您能够做到”这样的措辞来激起对方的虚荣心,更容易达到目的。

求人要明确，避免责任分散效应

责任分散效应又称旁观者效应，是指对于某件事来说，如果是单个个体被要求完成任务，他就会对此做出积极反应，积极完成；而如果要求一个群体共同完成一个任务，人们的责任感就会分散，个体责任感就会变弱，面对困难往往会退缩。向人求助也是一样，向越多的人求助就会使越多的人推卸责任。求助的时候，不妨直接对对方说“就只有你能帮我了”，求助效果会更佳。

美国曾发生过这样一宗命案，一个名叫朱诺比白的年轻女子在回家的路上遇刺。她绝望地大喊救命，附近住户纷纷亮起了灯，吓跑了凶手。但不久后，凶手又返回作案，灯光同样吓跑了凶手。当她认为无事，上楼时，凶手又出现了，将她杀死。在整个过程中，尽管她大声呼救，她的邻居中至少有38位到窗前观看，但无一人来救她，甚至无一人打电话报警。

这一案件引起整个社会的轰动，心理学家对这种见死不救的行为进行了一系列的研究，并做出解释。他们让72名不知真相的参与者分别以一对一和四对一的方式与一假扮的癫痫病患者保持距离，并利用对讲机通话。当癫痫病患者大声呼救的时候，那些一个人守候一个癫痫病患者的组，有85%的人冲出工作间去报告有人发病；而那些四人同时守护一人的组，只有31%的人采取了行动。这两位心理学家把这种现象概括为“责任分散效应”。

日常生活中我们也可以看到，那些乞讨者往往不是站在一个地方博取众多人的同情，而是走到某个人的面前，要求其施舍一些零钱，而被请求者很少能够拒绝或者无动于衷；越多人负责的事情往往到最后越做不好，追究责任时也越容易"踢足球"；落水者喊救命，旁观的人越多，真正救助的人就越少；当你向朋友求助时，帮你的人越多，越帮不到最实质的地方。

心理学家们对于此类行为进行大量研究后认为，其原因在于当一个人遇到紧急情况时，如果只有一个人能提供帮助，他会清醒意识到自己的责任，如果他见死不救会产生罪恶感、内疚感，需要付出很高的心理代价，所以往往进行救助；而如果有很多人在场，求助的责任就会分散到大家身上，每个人分担的责任较少，甚至忽略了自己的那份责任，产生"我不帮助也会有人帮助"的心理，而造成"集体冷漠"。

针对这一现象，当你需要帮助的时候，一定要向一个具体的人开口要求帮助。比如，你太忙了，希望某个人能够帮你检查一下写完的稿子，与其说"谁能帮我看看资料啊"不如直接向比较闲的某个人说"你能帮我看一下这个资料吗"。对于这样具体针对某个人的小要求，一般人是不会拒绝的。

俗语说："一个和尚挑水吃，两个和尚抬水吃，三个和尚没水吃。"如果你向过多的人求救，就会陷入这样的绝境，最终没有人会真正帮助你；而如果向一个具体明确的人提出最明确的要求，对方就容易答应。

某个顾客因为售后服务问题寻求帮助，但是遇到售后人员相互扯皮，总是让她等待明天再来或者推说责任应该是别的组的。经过数次扯皮之后，这位顾客厌烦了，指着刚想要推脱责任的职员说："你是不是这个公司的售后人员？你管不管售后问题？谁具体负责是你们之间协调的事，我是顾客，我只要最后结果。"这位售后人员又想推脱，被顾客大叫一声："叫你们经理来，我要告诉他，你不能帮助顾客解决问题，就应当辞退。"这位职员一看顾客就认准自己了，没有办法只好帮助她把问题解决掉了。

这种情况是非常普遍的，就算向朋友求助也一样。如果你的朋友比较多，当你需要求人的时候，对方就可能推脱“看看别人能不能帮你”，而如果你强调一句“只有你才能为我所托”，对方答应的可能性就更大一些。

心理智慧：

1.寻求他人帮助时，一定要向具体、明确的个人说出你需要的帮助。

2.当遇到互相推诿的情况时，要主动找到某个人，要他负责。

3.遇到急事求救时，不要只喊“救命”，可以具体说出某人的特征，然后要求其救你。

异性效应：向异性求助比同性更容易

人际关系中，异性接触会产生一种特殊的吸引力和激发力，这种现象称为“异性效应”。异性之间的相处和同性间不同，同性之间有一种天然的“敌意”存在，即使是最要好的朋友之间也往往存在着比较的心理。在异性之间，这种相互攀比、嫉妒的心理就消失了，取而代之的是一种相互吸引的积极影响。

因此，在求助的时候，请求异性的帮助会比请求同性的帮助更容易。日常生活中，我们经常可以看到男营业员接待女顾客要比接待男顾客热情些；女人对待男同事也会格外宽容、大方一些，这就是“异性效应”的表现。

研究发现，在清一色的男性或女性组成的集体中，往往更容易因为一些小事产生摩擦、引起冲突。这是因为同性之间缺少了一种相互“吸引”的润滑剂。另外，在同性面前，人们更少顾及形象，小事当然容易变大。在宇宙飞行中，有超过60%的宇航员会产生“航天综合征”：头痛、眩晕、失眠、烦躁、恶心、情绪低沉等。在赴南极考察的团体当中，也出现了这种奇怪症状，经过无数调查得知是性别比例严重失衡导致异性气味过于匮乏的原因。所以，异性效应不仅仅是一种心理学效应，也可能是纯粹的生物效应。

在如今这个男性占很大优势的社会，漂亮的女性无论是出门办事还是求人、谈判都是占很大便宜的，和男性打交道一般也会比较顺利。

一位漂亮的女图书推销员，她总是能够比别人更快完成更多的销售任务。她的销售秘诀就是挑选一个可能夫妻都在家的时间，敲开房门以后，拉住男主人介绍书籍，向他展示自己所推销的图书。在临走前，她会向夫妻俩说道：“如果你们今天不需要没有关系，改天我再来拜访。”这时候，大多数女主人都会选择买上一本。她除了运用“异性效应”之外，就是运用了女人的微妙心理：“男人一般不好意思拒绝漂亮女性的要求，与其日后让推销员纠缠丈夫，不如今天就买一本”。

遇到麻烦事寻求异性的支持和帮助，无疑要比寻求同性的帮助更容易。如果真正能够帮助你的人是一个同性，那不妨从他的枕边人身上下手，也许会有更好的效果。

汉高祖刘邦被冒顿单于围困在白登山，汉军内无粮草、外无援兵，多次组织突围都失败。这时，刘邦采用陈平之计贿赂匈奴阏氏（皇后），阏氏对冒顿单于说：“两主不相困。今得汉地，而单于终非能居之也。且汉王亦有神，单于察之。”冒顿单于本来与王黄和赵利约定了会师日期，但他们的军队没有如约而至，冒顿单于怀疑他们同汉军有勾结，就采纳了阏氏的建议，打开包围圈的一角，让汉军撤出。

历史上，每当某男子在最危急的时刻，他们所求助的不是君主身边的谋臣贤士，而往往是君主身边受宠的女人。女人即使只是为了证明自己对君

主的重要影响，也会选择帮助他们，这并不是没有道理的。

向异性求助也要有技巧，并不是撒娇、扮痴就可以达到所有的目的，那会让周围人更加轻视你。好的形象和仪表气质对于每个人来说都非常重要，在寻求支持时更是如此。人们对于仪表非凡的异性会有更多的尊重和好感。另外，向异性展示自己清醒的头脑、敏捷的口才、丰富的知识和阅历，能够获得更多尊重和好感。人们一般不会帮助一个无能的异性，否则会让周围人产生“好色”的错觉，另外，一个能力非凡的异性向自己求助，会助长人的虚荣心，让人更轻易答应你的求助。

向异性低头求助不要过于显示自己的“软弱”。姿态不用过低，否则会被人看不起。倔强、委屈、无奈的求助会让对方更容易答应你的要求。

心理智慧：

1.向异性求助会更容易达到目的。

2.求助时也要维持自己的形象和气质。

3.向异性求助，姿态不要太低。

留面子效应：先提出一个对方难以答应的要求

鲁迅先生曾经在他的杂文中写过这样一段话：“中国人性情是总喜欢调和、折中的。譬如你说这屋子太暗，须在这里开一个窗，大家一定不允许的。但如果你主张拆掉屋顶，他们就会来调和，愿意开窗了。没有更激烈的主张，他们总连平和的改革也不肯行。”

这段话就是典型的“留面子效应”的一种表现。它的含义是指，人们拒绝了一个较大的要求后，对较小要求接受得可能性会有所增加。所以，为了更好地使人接受你的请求，获得他人的帮助，可以先提出一个较大的要求，当对方拒绝以后，再提出原本的较小的帮助，这种方法被称为“留面子技术”。

心理学研究者查尔迪尼曾就此现象做过一个实验：将参与实验的大学生分为两组，要求第一组带一群孩子到动物园玩一次，大约要花费两小时，结果只有六分之一的人答应了这个条件。对于第二组的学生，首先要求他们担任少年管教所的义务辅导员，大概需要两年，因为费时费力大多数大学生都表示拒绝；接着他们又提出一个小小的要求，让他们带一群孩子去动物园玩两个小时，结果超过半数的学生都答应了这个要求。

在生活中我们常常可以看到这种现象：一个孩子犯了错误，被父母批评了一顿，然后离家出走了，通常找回孩子以后，人们就不会再计较他之前的错误；先抢占了孩子的座位，然后再让他帮你去搬一个椅子，他就会很乐意地去帮你搬；一件非常贵的衣服，稍微打点儿折就能够让你兴奋地“败”回家。这些就是日常生活中最常见的留面子效应。

在某些服务性的行业，人们也常常利用“留面子效应”化解人们的抱怨和不满情绪。一架客机上，乘务员小姐通知道“因为飞机出现故障，正在修理，大概需要一小时以后才能起飞”。这时候，人们纷纷着急、抱怨起来，但是也做好了等待一小时的心理准备。不久，乘务员再次通知：“请大家不要着急，修理工作比较顺利，大概半小时之后就可以起飞了。”人们的情绪开始缓解。几分钟以后，乘务员再次广播：“乘客们，非常幸运，再过5分钟，飞机就可以起飞了。”人们纷纷欢呼雀跃起来，再也不为晚点的事焦虑抱怨。想一想，如果这三次广播颠倒过来，人们的耐心大概要被磨光吧，最后还会一肚子怒气地抱怨再也不要坐这趟航班了。

在求人帮助的过程中，如果也能巧妙地运用这种效应，就能够更容易达到自己的目的。通常人们不太愿意连续两次拒绝同一个人，如果拒绝你的第一个要求以后，再拒绝你的第二个要求，就容易让人觉得这个人对你有成见，所以一般人们都不会连续拒绝同一个人。运用这个原理，不妨先提出一个大的、对方绝不可能答应的不合理请求，在对方拒绝之后，再提出你原本的要求，对方答应起来就容易多了。

在《西游记》中，有一段孙悟空向太上老君借仙丹救乌鸡国国王的故事，他首先向老君借 100 粒，结果被老君说“你当饭吃吗”，然后再说就借 10 粒吧，老君再说没有没有，孙悟空最后说“就借一粒”，老君有意说一粒也不借但又怕孙悟空来偷，就送给他一粒。其实，孙悟空就是运用“留面子效应”，他恐怕老君不会答应，索性多说些，然后再提出合理要求，就容易答应了。

我们平时也不妨用用这种心理，先让别人帮忙一个“策划”，对方肯定要拒绝，然后再提出一个合理的要求“帮我找一些补充材料吧”，估计对方很容易就能够答应。想要买一套比较昂贵的书籍，不如先提出买一支更昂贵的钢笔。想要给对方一笔适合的薪金，不妨先提出一个更少的数目，然后再说可以增加到的数目。经过一番心理适应，对方再拒绝你的可能就比较小了。通常人们出于歉疚心理，在拒绝你的一个较大要求后，就会尽量满足你的合理要求。想要别人更痛快地答应你的要求，帮助你，不妨用用“留面子技巧”。

心理智慧：

1.“欲得寸先进尺”，求人帮助时，先提出一个不合理的大要求，再提出自己本意的要求，对方拒绝的可能性就会变小。

2.巧用“留面子效应”，先说出最坏的结果，可以消除人们的不满情绪。

第15章

爱有滋味，爱恋中要学会用点心

黑暗效应：爱恋中谁都需要安全感

在酒吧、练歌场等光线比较黑暗的场所约会，双方会因为彼此看不清对方的表情而减少戒备感，产生安全感。彼此亲近的可能性就会远远高于在光线比较亮的场所，心理学家把这种现象称为“黑暗效应”。

生活中我们也常常有这样的体会：和一群同学在夜晚的野外聚会，其效果要比在灯光下强很多；白天不可能轻易说出来的话，到了晚上反而可能滔滔不绝，白天不可能做出的行为晚上也可能做出；黑暗往往让我们很容易放松和任性，即使在黑暗中犯了错也很容易原谅自己；到了黑暗的地方，我们的理智会降低很多，因此最容易发生暧昧。所谓“都是月亮惹的祸”，其实就是“黑暗效应”的一种表现。

社会心理学家对此的解释是：在正常情况下，一般人是根据对方和外界条件来决定自己应该说多大程度的真心话。尤其对于自己不十分了解但有意愿交往下去的人，虽然有一种戒备感，但又会不自觉把自己最好的一面尽量展示出来，将自己的弱点和缺点隐藏起来。对于约会的男女来说，本身并不熟悉，但想到可能的将来，或者即使没有将来也希望把自己最好的一面展现给对方。在光线明亮的地方，既要察言观色又要斟酌自己的表现，加上本身的紧张，能够引起对方的好感是很困难的。而在光线比较弱的地方约会，彼此看不到对方的表情，很容易减少紧张和戒备感，不但沟通比较容易，行为和话语都会比较大胆和自然，双方很容易就能够对彼此产生兴趣和好感，这样自然有助于感情增进。

电视剧《大明宫词》中有这样一段对话,男宠张易之走进太平公主的房间里,屏退了房中的侍女。

张易之:把灯吹灭!(张易之突然的请求把太平公主弄得有些不知所措。)

太平:(难以置信)你……说什么?(张易之盯着太平的眼睛,一脸正经,重复得字句分明。)

张易之:我说把灯吹灭!

太平:(情急)为什么?

张易之:因为那样我就不会说谎!

太平:(哭笑不得)什么,你……怎么会有这么奇怪的想法?

张易之:一点儿也不奇怪。灯亮的时候人爱说谎,因为他怕接触对方听到事实时的态度,特别是当事实不那么尽如人意时。而在黑暗中,人就往往没什么顾虑,因为你不必直接面对失望、痛苦、愤怒,不必直接面对对方受伤害的表情。所以,我请公主把灯吹灭!

太平:这么说我今天注定要失望或者受伤害了?

张易之:我不知道,但我希望我们都说实话,不论它可能有多么令人寒心!

太平:好!我们一言为定,只说实话!(太平起身将蜡烛吹灭,屋中顿时黑了下来。)

烛光熄灭之后,两个人就着月色进行了一段关于爱情的意义和感受的谈话,终于使太平公主放松了戒备,接受了张易之。这一段既是黑暗对于人的蛊惑,也是黑暗对于人精神的放松。

面对爱情的时候,我们不妨在黑暗当中说说话,尤其当两个人的感情出现问题,或者可能出现争吵、出现怀疑的时候。在黑暗中拉着手、并着肩站在一起，心平气和地说一些不那么理性和具体的事情，比如讨论一下理想中的爱情和爱人，生活和爱情对于你们彼此之间的意义。这些都可以使你们的心情得到放松，情感和心灵能够相互沟通，对立情绪也就不再那么强烈，爱情就能够持续下去，当然前提是感情没有出现太大问题。在平时，也可以多举行一些“烛光晚餐”，对于增进两个人之间的感情大有裨益。

心理智慧：

1.在日常生活当中也要注意，不要和异性同事、同学、比较熟悉的人在黑暗当中单独相处，否则极有可能发生你不喜欢的暧昧。

2.黑暗不仅能够让人放松，还能够迷惑他人、迷惑自己，尤其在有婚姻的前提下，与异性在黑暗中单独相处极有可能发生自己不希望出现的憾事。

3.“黑暗效应”对于爱情是一把双刃剑，能不能用好要看一个人的情感和智慧。

欲擒故纵，给对方一点余地

男人在爱情初期往往热情似火，希望迅速和女人坠入爱河；女人则相反，她们往往希望得到安全感，比较慢热。爱情中的双方都要明白“欲速则不达”的道理，不要轻易被对方“俘获”，只有费力得来的东西人们才会更珍惜。在爱情中学会“欲擒故纵”，分寸拿捏得当，才能让对方在望眼欲穿中“臣服”于你的感情当中。

男性和女性在心理上都有“征服”对方的欲望，男性体现得更为明显。只有双方相互“臣服”，爱情才能够继续下去，否则，只有一方“臣服”就很容

易产生抛弃或背叛。双方都不服输，时间长了就容易产生分歧，两个人也很容易分道扬镳。

一个人如果感觉自己喜欢上了对方，怎样才能让对方也喜欢上自己呢？学会一些欲擒故纵、若即若离的相处方法，让对方受点折磨，受点相思之苦，对方对你的感情才能变得强烈起来，才能清楚意识到对你的深刻爱意，这样来的爱情才会更加坚固。男人在爱情上往往喜欢一步步"掠夺"，讲究谋略；女人在这方面则更讲究直觉、情感的契合。其实，女人想要掌握爱情的主动权，也要懂一点点"计谋"，不要处在被"俘获"的位置上。

雄鸟向雌鸟表达爱意时，常常用清脆的鸣叫和鲜艳的羽毛来吸引雌鸟的关注，而雌鸟则往往矜持地选择，在几只雄鸟之间犹豫徘徊，最终才选择自己看中的那只雄鸟。女人也可以学一学雌鸟的方法，欲擒故纵、若即若离，让对方在得到与得不到之间徘徊，得到的时候才会更加珍惜。

陈辰是妮妮的男朋友，不过这个男朋友对她比较冷淡。妮妮却很喜欢他，开始的时候，总是积极主动地追求他，但好像始终没有进步。于是，妮妮改变了策略，她开始不再紧紧纠缠对方，约会时也无缘无故地迟到，两人相处时也开始发呆或者神游天外，话语中也总是透露出如果实在不合适就结束这段关系的意思。对于这种变化，陈辰自然明白在心。妮妮最终提出希望能够冷静一段时间，给双方重新考虑的机会，因为她觉得进展并不顺利，她并不怀疑自己的爱意，但不希望勉强对方。

经过一段时间以后，陈辰发现，自己并不在意的这段感情原来已经很深了，他总是在无意之间搜寻妮妮的身影；课堂上妮妮回答问题的时候，他总是听得很认真；他还发现原来妮妮是一个很讨男孩子喜欢的女孩；空闲时，他发现自己总是在思念她。不久以后，他就开始主动追求妮妮，希望恢复原本的恋爱关系。甜美的爱情开始降临。

张爱玲有句话说得特别好，“那时我们都太忙着谈恋爱，哪还有工夫恋爱。”是的，想要尝到爱情的味道，要在一张一弛中才能有更深刻的体会，如果只注重恋爱的形式，而没有真正的沟通和交流、没有期盼和思念，哪里能体会到爱情的滋味。

东汉开国皇帝刘秀的第二位皇后阴丽华，本来是刘秀的发妻，与他在乱世之中结为夫妻。婚后仅仅三个月，刘秀就离开阴丽华，参加了战争。后来，为了赢得胜利，刘秀只好再与西汉的皇室后裔郭圣通联姻，郭圣通为刘秀的大业带来了极大的帮助。东汉安定之后，要立一位皇后，刘秀自然想立自己的发妻阴丽华为后，但阴丽华坚辞不受，“自陈不足以当大位”。她并没有提郭圣通的对光武帝的帮助，仅说自己没有儿子，保留了光武帝的面子。

光武帝为了这句话，甚至在出征时都要携带阴丽华，让她为自己生了九个孩子，并在诏书中引用《诗经》的句子：“将恐将惧，惟予与汝。将安将乐，汝转弃予。”大意就是说：“惶恐危难的时候，只有你和我在一起，现在安乐富贵了，你却将我抛弃了。”以表达自责和对阴丽华的愧疚，并最终立阴丽华为皇后。这个聪明的女人，用自己最独特的方式，击败了天下最有权势的女人。

心理智慧：

1.欲擒故纵的妙处就在于，给对方一定的空白，给对方一点余地，不那么咄咄逼人。

2.让对方在思念中体会，在望眼欲穿中感受自己的心情和爱意，从而使双方的感情更进一步。

杜绝婚后沉默症，婚姻是爱情的延续，而不是终结点

婚后沉默症是婚姻的一种疾病，表现为：一旦结为夫妻，日常的话语就会变得非常简单，甚至到了无话可讲的地步，婚后对感情的表达也往往显得扭捏，即使在一起也是各做各的事，这样的夫妻就是患了婚后沉默症。

生活之中我们常常可以看到，有些人结婚以后就不再愿意与对方交流，甚至认为与爱人聊天浪费时间；喜欢一个人默默做事或者发呆，而不想和对方进行互动性质的游戏或者一起做事；即使在同一个房间也是你做你的事，我玩我的，很少谈话；认为取悦对方是虚伪的、庸俗的，很少进行调情；很少想对方在想什么、需要些什么，很少顾及他人的感受；遇到矛盾时，很少讨论解决方法而是生闷气；从来不懂得赞扬对方，为对方高兴；爱人生气甚至哭泣也不会安抚，常常认为对方是无理取闹；两个人在一起时，常常感到无聊等，这些全都是“婚后沉默症”的表现。

婚后沉默症其实是超限效应的一种表现，因为热恋时双方总是如胶似漆，了解得过于透彻，仿佛情话已经说完了。距离太近的结果就是感情的亲密与热烈转为平淡甚至淡漠，这并不证明你们不相爱了，但如果长此下去，对夫妻双方的感情影响是严重的。每个人都有交流的需要，都有情感满足和宣泄的需要，如果沟通渠道长期堵塞，感情长久得不到交流，双方就会变得生疏、淡漠，这无疑是婚姻和爱情的毒瘤。

想要铲除这种毒瘤就要事先预防，在婚后也要保持一些神秘感，与爱人保持一定的距离，不要让对方产生了解透了的感觉。说话聊天沟通时，要尽量含蓄、点到为止，不要让对方有“话已经说尽”的厌烦感。平时减少唠叨，对方就不至于堵上耳朵，也不至于对你的话充耳不闻。

秦镇与小莫结婚后，两个人之间的距离越来越远。平时太忙，在家时往往是小莫独自坐在沙发上看肥皂剧，秦镇自己玩电脑游戏，谁都不干涉谁。本以为婚后的生活就是这样，可当小莫到姐妹家看到闺蜜与丈夫的相处方式时，才觉出了自己婚姻的无趣。丈夫一回到家，那位闺蜜立刻给他放好拖鞋，接过公文包，问他累不累，然后告诉他：“小莫来了，我今天要沾沾光，吃你做的饭啦！”丈夫亲热地揉揉她的头发，去厨房了，她才继续回来和小莫聊天。

小莫向她请教和丈夫相处的诀窍，对方教她：“他不爱说话，你说啊；而且只说半句，就不信他耐得住好奇，接下来就好办了。”

小莫回家以后，丈夫正在看书，她就说了一句“我已经吃过了”，然后就到厨房去做饭。丈夫不明所以，跟到厨房问：“你在哪吃的？”小莫顺手把正在择的菜放到丈夫手里，把去闺蜜家的状况复述了一遍，然后感叹道：“有这样的老公，真幸福啊！”两个人都意识到了问题所在，在日后注重了交流，情况终于好转。

婚后沉默症的主要原因是观念的错误，认为一结婚，爱人就是自家人，彼此相爱天经地义，何必再不厌其烦地交流呢？只要将这种观念更正，就能够收到很好的效果。学会分享生活，一起玩游戏、做家务、规划共同的未来，向对方请教一下工作中的人际问题等，都可以让两个人之间的感情更融洽。

心理智慧：

1.不要吝啬情感的表达，对对方的爱意可以用比较含蓄的方法表达出

来。制造一点点浪漫，主动和对方调调情。

2.说一些有情趣的话，把生活中的小事都变成有趣味、有情趣的调味品，这样更加有利于相互间的交流。

3.婚姻不是爱情的坟墓，学会让对方对你留有一点儿幻想，说话做事加上一点儿趣味性，多说一点儿甜言蜜语，这些都可以让你们的婚姻充满乐趣，充满爱情的味道。

罗密欧与朱丽叶效应：越是有压力，越是要在一起

所谓“罗密欧与朱丽叶效应”是指：当出现干扰恋爱双方关系的外在力量时，恋爱双方的情感反而会因此而加强，恋爱关系也会更加牢固。此效应源于莎士比亚的著名悲剧《罗密欧与朱丽叶》，男女主人公相爱，但因为双方家族是世仇，他们的爱情遭到了家族的极力反对，最终，压迫没有使他们分手反而使他们爱得更深，直到双双殉情。

心理学家德斯考尔等人经过研究发现，在一定范围内，父母干涉儿女的感情会使得年轻人之间的感情加深。因为人的叛逆心理和压力越大反弹就越大的关系，外在力量的干涉越严重反而使处在爱情内部的两个人更加紧密团结起来，表现为压力下的爱情格外甜蜜。

在现实生活中，我们也常常看到这种现象，早恋的小儿女被师长痛骂、父母训斥之后，反而与“朋友”的关系更好，即使此时“夭折”的初恋也往往被

深刻铭记。师长、父母的干涉越深、反对越强烈、社会压力越大，恋人们的相爱就越深。

当年徐志摩追求陆小曼，两个人“使君有妇，罗敷有夫”，受到来自各个方面的重重压力，甚至在两个人的婚礼上，作为徐志摩老师和主婚人的梁启超也先是将两个人批判一顿才为两个人主持了婚礼。再者，两个人在当时都属于社会名人、著名学者，受到的社会关注、舆论压力也是无比大。可就在这样的压力之下，徐志摩和陆小曼却越来越相爱，终于双双离婚，重新组成了一个家庭。

在内心深处，人们往往相信自己对自己的行为有控制权，有自主的需要，不喜欢受到他人的限制和指责。当自由受到限制时，人们会采取对抗的方式去从事被限制的行为，以保持自己的自由感。所以，受到外界压力之后，恋人间的第一反应是增加自己的喜欢程度，也就导致棒打鸳鸯起到的往往是相反的作用。

对于相爱的两个人来说，如果自己的爱情受到了反对，一定要非常理智，首先要衡量一下你们之间的爱情是否真的有问题。如果你们的爱情是坚贞的，就要努力相信它，不要轻易动摇和后退；如果你们之间的感情真的像人们反对的那样，是不能长期相容的，那么不要为了抗拒别人的反对而让你们之间的关系更紧密，因为人能够在压力之下相爱，但在压力之下生活却非常不容易。

比如，陆小曼和徐志摩的爱情最终就走到了悲剧的一面，朱丽叶与罗密欧最终也以凄惨告终，几乎所有的初恋最后的结果都是“初恋时不懂爱情”。不要因为对抗压力而在压力和愤怒之下和恋人结合，那只是一种错觉，应该等到外界反对的力量平息以后，再来衡量自己的这一段感情。

当然，如果两个人的相爱过程过于顺利，爱情的价值也会打折扣。心理学研究发现，越是难以得到的东西，在人们心目中的地位越高，对人们越有吸引力，得到后越容易珍惜；而轻易就可以得到的东西，其价值往往被人们忽视，得到之后也最容易抛弃。如果对两个人之间的感情有把握的话，倒不如为自己制造一点儿压力和阻碍，再共同去破除阻碍，两个人就能够在这个过程中变得更加亲密无间，让对方更珍视你的情感。

心理智慧：

1.房子的压力、异地恋爱、父母的阻碍这一切都可能成为恋爱中的阻力，也都可能成为爱情的动力。

2.如果不敢肯定你们之间的爱情，不妨为它制造一点儿“小压力”吧，那会让你们的爱情更甜蜜。

淬火效应：爱情也需要冷处理

淬火效应原意指金属工件加热到一定温度后，浸入冷却剂中进行冷却处理，工件的性能更好、更稳定。在心理学中衍生出的含义为：对于麻烦事或者已经激化的矛盾，不妨采用“冷处理”，放一段时间，思考会更周全，办法会更稳妥。

在爱情当中，专家常常会禁止人们“冷战”，认为与其“冷战”倒不如“热吵”。这里所说的“冷处理”并不是“冷战”的意思，而是希望热恋的双方不要轻易下结婚或者分手之类的决定，而要给双方一定的时间，让双方都以理智的心态去对待、观察、分析、感觉你们之间的情感，然后再下决定，这样的爱情和婚姻才更加稳定。

热恋中的两个人往往头脑发热、情感疯狂，无论是好得蜜里调油，还是大吵一顿、气得流泪，情感往往都是非常炽热的，头脑都是非常不理智的，这时候下任何决定都会比较草率。这时候，只有促使双方都冷静下来才可能做出最正确的决定，爱情最重要的不是“趁热打铁”，而是及时“淬火”。

在日常生活中我们常常可以看到，人们在热恋得头脑发热的时候结婚了，婚后却发现，两个人性情并不合适，彼此之间无法适应，只好离婚，然而一结一离宛若伤筋动骨，从此对爱情失去了信心。难道是两个人之间不再相爱了吗？其实是因为爱情不是婚姻中的唯一要素，考虑不周全自然不容易长久。

爱情是烈火，生活却是细水长流，在头脑发热的疯狂恋爱中做出的决定往往是有偏颇的。在爱得无法自拔的时候不妨适当分开一段时间，为彼此之间都留一点儿空间，让双方都用冷静的眼光审视一下你们之间的爱情，看看你们是否准备好成立一个家庭，看看你们是不是对自己的爱情已经义无反顾，达到了一定要在一起的程度。

画画的时候，留一点儿“飞白”会让画面更空灵；演讲的过程中适当留些空白，让别人来思索、回味，能够取得更好的演讲效果。爱情当中也要留一点儿“空白”，给双方提供一个思考和自省的机会，给双方一段冷却下来的时间，再去做的重大决定就会趋于理智和稳定。

这个“空白”可以是分开一段时间不要见面；可以是给对方一个重新选择的机会；可以是暂时的分手，让彼此都后退一步，审视一下彼此间的感情；可以是暂时禁止交流和沟通。看看分别以后双方的内心感受是更加思念了，还是已经生疏淡漠了，前者说明你们的爱情是经得起考验的，后者则说明那所谓的“爱情”只不过是一场“激情”、一场绚烂而又快速消失的“烟花”。

心理智慧：

1.爱情也需要冷处理，矛盾时也可以后退一步，让双方都冷静下来，更有利于问题的解决。

2.以冰冷的面孔来折磨、虐待对方，这种冷暴力只能把爱情推向毁灭。

3.热烈地爱或者争执之后，为你们之间的感情"淬淬火""降降温"，可以使情绪更冷静，使感情更稳定。

第16章

驰骋职场，善用心可助你前程似锦

蘑菇定律：主动成长，适应环境

蘑菇定律是由20世纪70年代的国外的一群年轻电脑程序员总结出来的。它的含义是指，生长在阴暗角落的蘑菇因为得不到阳光和肥料常面临死亡的威胁，只有长到足够高、足够壮的时候才被人们关注，可这时它们已经能够独自接受阳光雨露了。其实，这是蘑菇生长的一个必经过程，一个人在职场中的成长也有一个这样的必经阶段，只有不断自我成长才能获取足够的重视和栽培。

大多数年轻人在职场中都要经历这一过程，不被重视和关注，常常跑腿、打杂、受责难，而且得不到必要的指导和提携。很多刚刚进入职场的年轻人都会面临这一切，可能会茫然不知所措，可能会委屈，可能会感觉暗无天日，但只要对自己有足够的信心，不断努力，就能够走出这种困境，最终得到人们的赏识和关注。

如何快速走出职业生涯中的“蘑菇期”呢？这就需要我们摆正自己的心态，学会快速的自我成长，只有自己变得更优秀才能吸引别人的关注。想要在职场中平步青云，绝对离不开最初的个人努力，所谓诡计其实就是“做好事”“做好人”，把自己变得更强大。

惠普公司曾经的CEO卡莉·费奥瑞娜，毕业于斯坦福大学法学院，她从事的第一份工作却是一家地产公司的接待员，每天的工作只不过是简单的打字、复印、收发文件、整理文件等杂活，和任何一个普通的新职员并无不同。周围人都对她做这份工作感到不满，认为斯坦福大学的学生应该有更好的工作机会，但她却认为这是自己人生的必经阶段。直到有一天，公司经纪人要求她帮忙写点文稿，正是这次机会改变了她的一生，直到后来她成为惠普公司的CEO。

根据“马太效应”，每个人都要经历蘑菇阶段，因为任何个体、群体或地区总是强者越强，弱者越弱，想要在职场上纵横，尽快脱离“蘑菇期”，就要学会努力“自我成长”，首先把自己变强，然后才能产生积累优势，从而有更多机会和成功的可能。

心理智慧：

1.尽快融入团队。从团队中往往能够得到更多支持，才有可能真正脱颖而出。韩信开始在刘邦手下做事的时候，不过是一个接待来客的小官，还曾经犯案被判处死刑，但就在斩杀他的时候，他看到夏侯婴说道：“汉王不打算得天下吗？为什么杀掉壮士？”夏侯婴听他的口气不凡，见他的状貌威武，就放了他；同他谈话，更加佩服得了不得，便把他推荐给汉王。汉王派他做管理粮饷的治粟都尉。后来，他又多次和刘邦的左右手萧何谈天，让他认识到了自己的本事和勇气，这才有了“萧何月下追韩信”的一幕，最终韩信被拜为大将。

如果他没有和两位“知音”闲聊，没有融入他们之间，很可能就会被埋没。

2.适应环境。从学生到职场最重要的是适应，自己原本的行为方式和思考模式都是“学生式”的，肯定不能适应职场环境，这时必须要沉下心来，学会独立思考、独立行事，脚踏实地去做事，学会一步步提升自己，将自己的浮躁和冲动都压下去，才能更好成长。忍耐和等待比什么都重要。

3.不断学习。进入职场并不意味着停止学习，要学的东西反而更多了。在职场做事一定要专心、努力，同时还要不断学习充电，使个人能力递增，这才是一个人不断高升的最重要秘诀。

4.善于表现。埋头苦干只是最基本的，想要出人头地还必须要善于“巧做事”，勇于表现，勇于争取机会。正像韩信在即将砍头之际还能够平静地对夏侯婴说出一番“为什么要杀壮士”的话，这就是一个良好的自我表现，否则一个被封的“滕公”怎么会注意到一个小小的接待官呢?

5.贵在坚持。在“蘑菇期”最容易产生的念头就是放弃，但真正的成功永远属于那些坚持不懈的人。如果你在这一个“蘑菇期”放弃了，很可能还要经历下一个“蘑菇期”，永远都不能冒出头。只有不断坚持，不断积累一些可贵的经验和素质，才能为以后的“厚积薄发”作好铺垫。

被剥夺超级反应:别人得到了，就别争夺

心理学家芒格在自己的著作中精辟分析了人们普遍存在的一种心理，即被剥夺超级反应倾向。这种心理的含义在于，人们对于已经得到的或者预期可以得到的东西有天生的潜意识的“占有欲”，当这种“占有欲”被突然剥夺时，通常会出现过激的言行反应。

这种反应源自芒格夫妇养过的一条非常温顺的狗。这只狗平时非常温顺，无论你怎样对待它都不会被咬。只有一种情况除外，那就是在给它喂食的时候，把食物从它嘴里夺走。如果那么做的话，这条友善的狗会自动地咬你。没有比咬自己的主人更愚蠢的了，但是它忍不住，因为它天生对自己的食物有一种占有欲。

这种反应其实非常好理解，日常生活中也常常发生。一个人常常会为

自己丢过几百元钱而痛苦，即使别人再给他相等的钱，丢钱造成的伤害也并不能减少；一个自己投资的项目，尽管它总是赔钱，但人们却常常用继续注资的方式去挽救它，而舍不得将它割舍掉；在拍卖会上，眼看自己要得到的某个项目忽然被别人抢走了，你一定会立刻加价，试图将它抢回来，而不在意价格是否合理。

在职场中也是如此，如果原本别人负责的一个项目，做到一半的时候被你接手了，无论这种接手是不是你故意的，对方都会非常怨恨你。一个别人努力了很长时间即将得到的职位或者荣誉被你得到了，你就会被视为一个"抢夺者"，无论这样东西是否真正属于他。如果发生以上情况，你们之间结成的仇恨是很难化解的。

在职场当中一定要注意，不要争夺别人已经到手或者即将到手的东西。这和正当竞争不同，如果是正当竞争，一开始他就会意识到，你也可能得到那个职位，不会产生失落心理。而如果直到竞争的最后，别人眼看就要得到那个职位了，你像一匹黑马一样冲出来夺去了，你们之间就会结仇。

韩群刚刚从公司总部调到分公司，总经理派他去接手一个大的谈判项目，这个项目已经谈了很久但一直僵持不下。总经理的意思是撤回原本的主谈手，由他去接任。韩群了解到这一状况后，立刻回绝，他的意思是自己可以负责其他项目或者作为助手被派过去，但绝不担当主谈判手。总经理考虑了一下答应了，果然不久以后，这个项目就因为韩群的帮助而谈下来了，原本的主谈判手听说韩群主动要求担当他的助手而不是替代他时，也对韩群很感激。这是因为韩群不仅仅为他保留了面子，还为他保留了很多，诸如功绩、上司的看重、下属的尊重等，如果他被中途替换掉，这一切都会失去，肯定会怨恨至深。

正因为明白这一点并做出了正确的选择，韩群才能一进分公司就被尊重和看重，地位随之稳固，做事也顺风顺水，半年以后就被调回了总公司任职。

不剥夺别人原本拥有的，这一点凡是有道德的人都能够做到。职场上很多人都痛恨那种争功诿过或者窃取他人劳动成果的人，也很少有人会做那种愚蠢的事，因为一旦被揭穿，往往被轻视、嘲笑甚至失去所有。

不抢夺别人即将得到的就比较困难了，因为界限模糊，所以不好把握。主要应掌握以下原则：无论是一个职位还是一个项目或者争取一个机会，如果你一开始就决定参加竞争没有任何不妥，如果中途参加也可以通融。最重要的是，千万不要等到别人眼看就争取成功了或者上司已经有了取舍的暗示，你再参与竞争，这时，即便你有再好的主意也最好不要当那匹黑马，否则得罪的不是一个人，而会犯“众怒”，当然更有可能要面对被剥夺者过激的反应和愤怒，就算争赢了，也是两败俱伤。

另外，还要控制自己的情绪，如果别人抢了你即将拥有的东西，你要意识到自己的痛苦和愤怒仅仅是出于被剥夺超级反应，而不要采取过激行为，因为毕竟那样东西并不属于你，别人也有权利争夺。

心理智慧：

1.平步青云不仅仅依靠自己的努力和上司的提拔，还需要同事的尊重和支持，需要大家一致的认同。

2.尊重别人已经和即将拥有的，不争抢功劳，不剥夺别人的权利和利益，你才可能得到大家的尊重，在职场上才可能有更大作为。

卢维斯定理：谦逊谨慎才能有大成就

卢维斯定理的含义是：谦虚不是把自己想得很糟，而是完全不想自己。如果把自己想得太好，就很容易将别人想得很糟。在职场当中尤其需要谦虚谨慎，多听听来自同事的意见和建议，这会让你的决定更符合事实。

人们常说“智者千虑必有一失，愚者千虑必有一得”，无论怎样聪明的人都难免会有过失，无论怎样愚蠢的人都会有自己的优势，在职场当中就要保持头脑的清醒，保持谦虚谨慎的态度。

《列子·汤问》中有这样一个故事，孔子去列国周游，遇见两个小孩在争辩，其中一个小孩指着太阳说：“我认为太阳刚升起来时离人近，而到中午时离人远。因为太阳刚升起时看上去大得像一个车盖，到了中午时小得像一个盘子，这不是远小近大的道理吗？”另一个小孩则说：“我认为太阳刚升起时离人远，而到中午时离人近。太阳刚出来时让人感觉清凉而略带寒意，到了中午时就感觉像把手伸进热水里一样，这不是近热远凉的道理吗？”孔子听了也不能判定他们谁对谁错，两个小孩嘲笑道：“谁说你知识渊博呢？”可见，即使是圣人，也有自己不知道的，也有自己的不足之处，何况我们普通人呢？

在职场中想要平步青云，靠的不仅仅是个人的努力和上司的提拔，还要靠同事的帮助和支持。同事们往往乐意尊重和支持什么人呢？一个人如果过于怯懦，没有自己的思想和独立的主张，人们常常会贬低他，这样的人再谦逊也没有什么用；一个人如果有才华，有智慧，但高傲无比，人们就会倾向于给他使绊子，摧折他的骄傲；唯有那些有自己的独立主张，而又善于谦逊地听从他人意见的人，他的每一个决定都是大家共同决策的，包含了每个人的智慧，每个项目的成功都有大家共同的功劳，这样的人才会被同事们尊重和追随。

人们的心理是非常复杂的，他们往往容易崇敬那些有些傲骨但又肯听自己意见的人，就算是上司也一样。一个上司，他固然喜欢有人对他逢迎谄媚，但是绝不会轻易重用那些喜欢逢迎谄媚的小人；对于总是倔强固执和自己对着干的人，虽然厌烦，但同时也会给予一定的尊重，潜意识中也会认为这种人能力比较强，如果对方肯对自己服软、听从自己的建议，他会给这样的人更多机会。

所以，一个人既要学会谦虚谨慎，同时又要把握自己“谦虚”的尺度，不要把自己想得太糟，完全听从别人的意见，适当有自己的主张然后站在旁观者的角度去听一听别人的意见才是明智之举。

杨凯在自己的职位上已经待了一年，他从来不会轻易说“我也没把握”“我不太知道”，但也不会轻易说“没问题”“听我的没错”，这种不卑不亢的态度赢得了上司和同事的一致好评。

一次，他和几个同事一起负责一个很重要的项目，他首先确定了大致的方向和决策，然后告诉同事：“我只是把自己知道地说出来，具体的实施我还有很多不明白的地方，你们觉得怎么样，有没有什么需要改的地方？”然后就以一副倾听的姿态听同事们的建议，最终添加了几条补充意见，并把原本自己想错的地方改正过来。大家对他都很敬佩，不久，他就因为这次项目的成功升了职。

卢维斯定理说，谦虚不是把自己想得很糟，而是要人们把握谦虚的尺度，凡事不要觉得自己不确定，做不好。要像孔子说的那样“知之为知之，不知为不知”，把自己知道的、有把握的东西说出来。工作职责中本应该由自己完成的要尽自己的才能去完成，不能因为过分谦虚而失去显示自己才华的机会。自己有把握的不要装傻，自己不懂的要谦逊地学习和请教。

“完全不想自己”的意思就是，把自己的一切包括得失、荣辱、成败等个人利益都暂时抛开一下，做个诚实的观望者和虔诚的倾听者，努力寻找与他人合拍的共振频率，寻求与他人的合作或同行。这才是真正的谦逊，只有这样才能得到同事的支持与认可，才能距离自己期望的职位越来越近。

心理智慧：

1.不要轻易否定自己，不要总是隐藏自己的才能。

2.展现自己才能的时候，不要忘记谦逊，要仔细听取别人的意见。

马蝇效应：为自己寻找一个能力相当的对手

马蝇效应的含义是，再懒惰的马只要身上有马蝇叮咬，它也会精神抖擞、跑得飞快，它由美国总统林肯提出。林肯年轻时，在一块农场中犁地，但那匹马非常懒，总是慢慢腾腾、走走停停，可有一段时间它却跑得飞快。林肯感到很奇怪，到了地头才发现，原来马的身上叮着一个硕大的马蝇。林肯得出了启示：一个人只有被叮着、咬着，他才不敢松懈，才会努力拼搏、不断进步。

人的性格之中有一种普遍的惰性，如果没有人追赶就会非常疏懒，这样就会使自己慢慢地趋于落后，不思上进。所以，不妨为自己找一个势均力敌的对手，有了竞争对手的对比、竞争，就等于在马身上叮了一个马蝇，只要不把它拍掉，就能够使你精神抖擞地飞奔。

成全一个人的往往不仅仅是他的朋友，还包括他的对手。没有对手的全力竞争，自己独自摸索前进就会慢慢懒于进步，从而不思进取，在懒惰中慢慢腐烂掉。林肯竞选总统成功之后，银行家巴恩看到参议员萨蒙·蔡思后对林肯说，“不要将他选入你的内阁，因为他认为他比你伟大得多。”林肯却问他还有哪些人会这样认为，他要把他们都收入自己的内阁。

蔡思的确是个有才华的人，林肯十分器重他，任命他为财政部长，并尽量与他减少摩擦。蔡思狂热地追求最高领导权，而且嫉妒心极重，对林肯怀恨在心、激愤不已。《纽约时报》的主编曾拜访林肯，问他为什么纵容蔡思狂热地上蹿下跳。林肯讲述了他的“马蝇效应”，并补充道：“如果现在有一只叫‘总统欲’的马蝇正叮着蔡思先生，那么只要它能使蔡思的那个部不停地跑，我就不想去打落它。”

当然，他这样做也是为自己找到了一只叫作“蔡思”的马蝇。只要有了“蔡思”叮着总统先生，使他带着国家不停地跑，林肯也不会将那只“马蝇”打落。

每个人都应该为自己寻找至少一位势均力敌的对手，使自己在职场上不至于过于无聊和懒散。在职场中如果时刻能够享受到“与人斗，其乐无穷”，你就会充分发掘自己的智慧和潜力，不断前进，在竞争和相互比较中飞速前进。

人是一种很复杂的动物。他们往往讨厌复杂的钩心斗角和人际纠缠，但如果有一位品格和自己一样正直高尚、能力和自己不相上下的人和自己不断攀比、竞争，他则感到非常快乐。人们希望成功，但同样希望在打败势均力敌的对手后获得成功，那会使自己胜利的果实看起来更加甜美。人最怕自己没有对手,越是没有可以比肩的对手就越会使人感到人生的孤独。

有位动物学家在考察非洲某河流两岸的动物时,发现了一种奇怪的现象:生活在河东岸的羚羊繁殖能力比西岸强,奔跑速度也比西岸的羚羊速度每分钟快 13 米,但两岸无论是生存环境还是食物都是相同的。动物学家对这些差别百思不得其解,后来做了一个实验:把两岸的动物各捉 10 只,相互交换,不久后发现,送到东岸的 10 只羚羊只剩了 3 只,其余的都被狼吃掉了。谜底终于揭开,东岸的羚羊之所以强健,是因为它们附近生活着一个狼群,有了这样一群"天生的对手",它们的生命活力被激发了出来。

人们也应该为自己寻找一个对手,每个对手都是一个叮在自己身上的"马蝇",不断叮咬和追撵着自己,使自己无时无刻不在努力、激发自己的潜力,使自己不断进步。

心理智慧:

1.对于在职场上有自己优势的人来说,挑战更高的目标、更大的工作范畴、更艰难的任务是显示自己能力的不错的选择。

2.找到能够激发自己能力的那只"马蝇",获得在公司中无可替代的地位,为自己赢得更多人的尊重。

3.让自己不断奋进,克服自身的惰性。

4.找到你的"马蝇",并永远不要把它打落;如果失去了一只就再去寻找另一只,让自己在职场中永远向上。

沸腾效应:质变的主要点在哪

沸腾效应是成功心理学中的一个概念。它的含义是指,关键因素引起的本质变化现象——就犹如烧开水,到99度时,还不能算开水,其价值有限,既不能喝也不能更好利用;如果再让它升高1度,水就会沸腾,并产生大量水蒸气,可以用来开动机器,获得巨大的经济效益。这里最后的1度就是水发生质变的关键,将它从液体化为气体。

在日常生活中,我们也会常常看到沸腾效应的现象,很多学生本来学习很认真,成绩也很好,但一到考场就怯场;有些人平时讲道理头头是道,一旦走到台上,就诺诺不知所谓,演讲也会当众出丑;有些人平时工作做得井井有条,人际关系维持得也不错,但一交给他重大的项目,他就会感觉力不从心,使得任务总是不能顺利完成。这些都是沸腾效应的侧面反映。

在职场上,它对我们的工作和升职有什么指导意义呢?平时的工作中,我们会不断积累工作经验、提高工作能力、积累人际关系,这一切积累都属于量变的范畴,想要自己能够成功升职,还需要找到关键因素,或者是上司的欣赏,或者是一个良好的机会,或者是同事们的认可和追随,或者是别人的推荐等。只有找到这个质变的关键,我们才可能成功,否则就只能维持在量变阶段。

在职场中做事,如果自己已经做得很好了,但始终得不到看重、得不到升职的机会,我们就要仔细寻找一下最关键的因素在哪里。是自己积累得还不够还是缺少一个机会,缺少上司的赏识或者缺少人们的信服?找到了这个关键,升职才能更容易。

比如,学生之所以发挥不好,关键因素就在于没有良好的应试心理素质。在职场中,能力很好而不能升职,大多数的原因出在人际关系上,不是缺少上司的赏识就是缺少同事的认可和支持。能力尚可而做事总是差强人意,一般来说,就可以归因于心理特质的原因。影响沸腾效应的心理特质主要有:自信力、毅力、定力、成功力等。这些心理特质有一项不合格,就可能产生功亏一篑的结果。

相信水到渠成、瓜熟蒂落固然没错,如果在积累到一定程度时,能够以最快的速度找到"质变"的关键,自己做起事情来不是更加顺利吗?一味走捷径很容易欲速则不达,但一味相信功到自然成也会让成功来得更慢、更无力。

心理智慧:

1.在职场中做事,一定要拥有良好的心理素质。

2.人际关系一定要和谐,这种和谐不仅仅指相处和睦,还要得到同事的认同和支持。

3.不要轻易得罪上司,因为升职的关键一般掌握在他们手里。

刺猬效应:职场人与人之间需要一定的距离

刺猬效应来源于一则寓言故事:在寒冷的冬天里,刺猬们需要彼此靠近才能够相互取暖，一开始因为靠得过近，总把对方和自己刺得鲜血淋漓。经过长时间的调整，它们终于找到一个合适的距离，不但能够相互取暖，还能够保护好彼此。人们常常把这一定理运用到人际交往之中，强调要和对方保持适度的距离，才能够使双方都感到舒适。

一位心理学家曾做过这样一个实验：在图书室中零零散散坐着几个读者，都在津津有味地看书。这时，心理学家走过去，紧挨着他的座位坐下以测试对方的反应。这个实验进行了几十次，结果没有读者能够容忍陌生人在阅读室很空旷的时候坐在自己身边的位置。他们中的大多数会默默走开，少数人甚至会质问"你要做什么"。可见，人与人之间是需要保持一定距离的。

在职场上，我们与同事之间的距离尤其需要把握，保持好人际交往中的"心理距离效应"才能够让别人对你保持一定的尊重，并让相处的两个人感到轻松自在。领导与下属的相处更要"亲密有间"，不可以与下属称兄道弟、公私不分。只有保持一定的"心理距离"，领导才能保持自己的威信。

乔治·华盛顿是美国的第一任总统，一直被人们尊敬地称为"国父"。他本人非常注意与下属保持距离，以保证自己的权威。美国独立战争刚开始时，人们就尊称他为"阁下"。后来，制宪会议期间，财政部长古维纳尔，莫里斯夸下海口说自己可以和华盛顿混得像密友一样。于是，在某次宴会上，莫里斯走进屋里，鞠躬之后，和华盛顿握了手，然后在众目睽睽之下，莫里斯把手搭在了华盛顿的肩上，说道："我亲爱的将军，看到你气色这么好我真高兴！"

结果，非常尴尬的一幕出现了：华盛顿抽回他的手，突然退后几步，皱着眉头愤怒地盯着莫里斯长达几分钟。莫里斯不知所措、窘迫万分，只好逃入人群。现场的人都屏住了呼吸，一声不吭，从那以后，再没有人敢做这样的

举动了。

其实，华盛顿的做法是非常高明的。作为一个新建立的国家的领导人，最重要的是神圣感和权威，否则他就会在国际上受到轻视。他与人们保持一定距离的做法，不仅显得他庄严高贵，保持了他的神秘感和威严，也保持了国家的尊严。

法国总统戴高乐同样也精通“刺猬效应”，他有一句座右铭是“保持一定的距离”。在他十多年的总统岁月里，他的秘书处、办公厅和私人参谋部等顾问和智囊机构没有什么人的工作年限能超过两年，从而保证了智囊团思维的活跃性，也保证了没有人能借助领导的威信营私舞弊。

即使与平级的同事相处，也应该给别人留一点儿空间；夫妻间相处也应该留一点儿隐私，这点儿距离就是彼此之间转身的余地，给别人一点儿喘息的余地才能让彼此间的相处更加轻松舒适。

因为同事之间的感情总是与利益相争分不开的，与友情无法相比，而那种每天在一起相处的感情也是陌生人绝对比不上的。所以，同事只不过是一群最熟悉的陌生人，更应该保持足够的距离。

这种距离不仅仅是空间上的也包括心理上的，距离太近，原本的吸引力也会变成排斥；距离太远，原本的吸引力就变慢慢消散，所以“刺猬效应”是让人们保持一个让彼此都轻松自在的心理距离，既不要束缚住自己也不要侵犯别人。这个距离既不会因为彼此走得太近而带来伤害，还能够保持双方的美好印象。

这个距离在每个人心中可能都不一样，一些热情开放的人可能非常愿意接受他人的亲近，而有些内向的人可容忍别人接近的范围则要远一些。对方对这个距离是非常敏感的，只要对方有双手环胸、顾左右而言他、语言或眼神上的躲躲闪闪等行为，你就应该意识到，你触到对方的底线了，不要再增进一步了，否则就可能被对方拒之门外。

心理智慧：

1.与同事相处不要“交浅言深”，否则极容易引起别人的反感，自己也容易掉进陷阱。

2.和下属保持一定的距离，可以树立自己的威信，但不宜太远，要亲密有间。

第17章

谈判博弈，把握对方心理获得最大利益

配套效应：用点心思让对方获得利益

18世纪著名的哲学家丹尼斯·狄德罗曾经接受过朋友送他的一件名贵的睡袍。这件睡袍质地精良、做工考究、非常精美，哲学家非常喜欢，于是穿上它在家中寻找感觉，但是他开始感觉家中的风格和气氛与之格格不入。为了与睡袍相配，他开始更换家中的旧东西，终于一切都和睡袍一个档次了，但哲学家却不高兴了，他认为自己“居然被一件睡袍胁迫了”。

这种现象被经济学家们称作“狄德罗效应”，又叫“配套效应”，即人们在拥有了一件新的物品后必须不断配置与其相适应的物品才能够达到心理上的平衡。这不仅仅是心理上的平衡，有时候有价值的物品必须有与其配套的设施才能够合理运转。

在生活中，物品往往是以一个体系出现的，而不是以单个的孤立形态出现，因为我们所需要的物品并不是单一的，而是一系列物品的组合，比如上衣、裤子与鞋子必须配套，才能更好体现一个人的品位；豪华别墅必须要更多的人进行打扫和管理才能保持清洁、有品位；汽车必须要汽油才能上路。

不仅在生活领域如此，在生产领域同样如此。在谈判时给对方的利益一定也要配套，才能更好地谈成一笔生意。比如在日常生活中，我们购买汽车都会希望对方能够赠送油卡或者挂饰等；买电脑时希望对方赠送鼠标垫、电脑包等方便其使用的东西；如果购买服装能够获赠一个精美的小饰物，也是令人兴奋的。可是如果反过来，买电脑时送一张油卡或者买服装送一个鼠标垫，估计很多人是不会买账的。

给对方的利益是配套的，对方就会欣然接受；相反，同等价值的利益如果混杂不堪，对方无法单独使用，谈判对手很可能就会拒绝。无论是礼物还是利益都应该遵守一个规则，那就是：给对方带来更多方便而不是麻烦。

王经理作为一个机械公司的主谈判手和对方的采购经理在一起谈有关的采购事项，但是双方就价格问题一直谈不拢。对方采购数量偏多，但是要求更低折扣，但王经理这边不可能答应，因为如果给对方的折扣多势必导致其他老客户也要求调低价格，就得不偿失了。经过多次协商，这单生意眼看就要谈不拢的时候，王经理了解到，这家公司新成立不久，购买的设备运回去一定要经过一段时间的调试和学习才能运转起来。于是，王经理建议价格绝对不能够再降低了，但是可以附加一个条件，即卖出机械的同时，派出两位工程师教授机械的使用方法和小故障维修技术，直到对方员工学会为止。听到这个条件，对方大喜过望，如此一来就可以直接上工，创造的利润远远大于那点折扣。双方很快达成一致意向，顺利签订了合约。

可见，如果给对方的利益是配套的，是一整个可以顺利运转的系统，对方是非常乐意接受的。很多加盟单位就是利用了这一点，不仅仅给对方提供产品和技术，还会提供人员培训、商店选址和布置等，让不熟悉商业运作的人很快能够上手，这样的利益分配，对方自然更乐意买单。

心理智慧：

1.谈判是一种艺术。给对方的利益一定要用点心思，使对方更加方便。把利益送到对方的心坎里，即使花费更高的价值，他也一定会接受。

2.输出产品时，可以附加某些使产品创造更好效益的服务。

3.输出服务时，可以使服务更加周到，比如夏季旅游时赠送遮阳伞比赠送精美的解说手册会使对方更愉悦。

古德曼定理：适时沉默反而更易占据上风

古德曼定理是由美国加州大学心理学教授古德曼提出的："沉默可以调节说话和听话的节奏，它在谈话中的作用就相当于零在数学中的作用。尽管是零却很关键。没有沉默，一切都无法进行。"

它的基本原理是没有沉默就没有沟通。应用在谈判领域也就是，如果你弄不清楚对方和自己的底线在哪里，最好能够保持沉默，让对方摸不清你的底细。把自己的心思留到最后，让对方先表意，从而在谈判中占据主动。

在生活中我们常常可以看到这种情形，看起来话语不多的人往往是最后的赢家；那些在谈判中滔滔不绝的主谈判手，往往会败给一个只要一开口就不会再改变、退让的谈判手；话语越多的人，说出的话越容易反复，让人无法信任。这种心理使人们往往更容易信任沉默寡言、一旦出语就绝不会更改的人。另外，沉默还会给人一种神秘莫测、不知深浅的感觉，往往会使对方失去判断，使自己更得利。

1869 年，爱迪生与波普成立了"波普—爱迪生公司"，专门经营电气工程的科学仪器。在这里，爱迪生发明了"爱迪生普用印刷机"，并打算卖出这项技术以成立一个科学实验室。他把这台印刷机卖给华尔街一家大公司的经理，因为不熟悉市场行情，也不知道它究竟能值多少钱，本想索价 5000 美元，但考虑到可能太贵了，没有勇气说出口，就只好沉默不语。这位经理几次追问，爱迪生始终不好意思开口，最后只好让经理给个价，结果经理一开口就给了 4 万美元，爱迪生大喜过望，于是一口答应了。

在谈判当中，一般开始时，谁都不知道对方的底线在哪里，如果能够适当表示沉默，让对方摸不准你的心思、摸不到你的底线，你的心理底线在他心中就在不知不觉地升高。让对方先表意，就能够弄明白对方的底线在哪里，这时候再表示自己的意见，往往能够占据主动地位。另外，因为己方长时间的沉默和对方长时间的论述，使对方的耐心已经到了极致，往往很容易就能够答应你的条件。

在谈判中，往往谁能沉得住气，谁就能占据主动权；在争辩中，最难驳倒的观点是沉默；在谈判中，最难能可贵的特质是保持良好的耐心，一定要沉住气、稳住神，让对方因为摸不清状况而慌乱。

两个公司在谈一场合作，在利益分配问题上出现了分歧，这几乎是一个必然出现分歧的地方。甲方的主谈判手首先滔滔不绝地分析了乙方在合作中所作出的贡献，然后抱怨乙方作出的贡献太小；抱怨乙方实际上拥有的机器设备等新旧程度与提出的不符。在整个过程中，乙方谈判手始终不发一言，沉着脸耐心听着对方的指责和抱怨。

其实，乙方明白，这一切不过是甲方希望利益分配偏重己方的借口，所以并没有出言反驳。直到甲方自己都指责得不好意思了，再也找不到抱怨的理由了，只好说出了自己的底线“四、六分成，我六你四”，乙方很快就答应了。其实，甲乙双方原本的心理预期都是三七分成，因为乙方一直不发言，甲方弄不清对方的心理底线，再加上自己一直在抱怨，感觉不好意思了，所以退让了一步，让乙方占了很大便宜。

心理智慧：

1.适当的沉默可以让对方摸不清你的底细，弄不清你的底线在哪里，自己的心中就会下意识提高你的底线。

2.让对方先表意，就能够占据主动。沉默会使对方陷入慌乱，从而将自己的底牌亮出来，这种底牌往往是对己方非常有利的。

3.让对方先长时间地论述，然后提出自己的反对意见，对方会因为长时间的消耗而感到不耐烦，如此就能够更轻易妥协。

4.沉默会表现出自己沉着冷静的姿态和运筹帷幄、决胜千里的自信，这些都能逼迫对方沉不住气，亮出底牌甚至做出退让。

在谈判中如果能够恰当运用沉默这种手段，就可以让自己在最大限度上占据优势。不过，这种方法的运用也要掌握一定的技巧，否则很可能让对方看出你的“心虚”“不懂行”，那时就只好任人宰割了。

华盛顿合作规律：不必给予太多的参与建议

华盛顿合作规律的基本理论是：一个人敷衍了事，两个人互相推诿，三个人则永无成事之日，与我国俗语讲的“一个和尚挑水喝，两个和尚抬水喝，三个和尚没水喝”有异曲同工之妙。人与人之间的合作远不是人力的简单相加，而是更加复杂和微妙得多。所以，在谈判当中，应该减少过多的参与建议。

谈判从本质上来说，就是一个组织和另一个组织的意志力对抗而不是智慧比拼，尤其在那种对手性谈判当中更是如此。争取己方利益的最大化往往意味着要令对方产生损失。在这个过程中，产生最大作用的往往不是智慧，而是意志，谁能够在谈判当中不被对方所动摇谁就能够占据主动。从这个意义上来说，谈判和拔河很像，如果一方的人心很齐，努力向着一个方向使劲，就很容易赢；而如果有多种意见，就容易造成人心不齐，力量就会呈

曲线的方向分散，很容易因为内耗而输掉。

谈判与拔河一致的地方还在于，双方最终可能达到的目的就在心理预期和底线之间摇摆，双方都要使实际可达成的目标最大限度地靠近心理预期，远离底线，而这其中有一大段的缓冲距离，谁能在这个缓冲距离中占据得多谁就是赢家。

在这个过程中，参与建议者扮演着这样一种角色，恰如其分的一致性参与建议可以使己方的方案配置更加合理，使己方谈起来更有优势；而过多的参与建议，尤其是意见不同的建议，则会使己方的力量分散。想象一下，如果有两种略有不同的意见，每一种各有几名拥护者，你们的力量就会向着两个略有不同的方向，两种力量就不再是简单的相加，而是会小于相加的力度；而如果参与建议有更多种，力量就会更分散。减少过多的参与建议就是在减少力量的损耗，使己方的力量方向更一致，自然更容易赢。

在哪些方面保持一致呢？心理预期一致、心理底线一致、策略一致不可动摇，在这个基础上，其他的参与意见可以诉求。谈判在很大基础上就在于用各种方法和语言动摇对方的心理预期，让它下降，同时，维持自己心理预期的高度，不要被对方的言语所动。

赤壁之战之前，有一段关于孙权和刘备联盟抗曹的谈判。在这段谈判当中，诸葛亮只身一人面对江东诸英雄豪杰和群雄大儒，他只有一种意见，那就是抗曹；而江东数百千众意见却不统一，主战派和主和派在朝堂上争论不休，谁都无法说服谁，他们的力量自然就分散了。

诸葛亮运用各种说服策略，或驳斥或激将，最终只有一个目标：说服孙权与刘备联盟；而孙权则有多种选择，或者与曹操联盟击败刘备，或者独力抗曹，或者“坐山观虎斗”，或者与刘备联盟，因为目标多，自然意见分散，但最终被诸葛亮说得希望“先生助我一臂之力”，而使谈判获得联合抗曹的结果。

因为没有关于利益的分配，这场谈判可以说容易得多。在日常谈判当中，就算是合作性谈判，也少不了关于利益分配的分歧。这时候，如果意见众多，不但最终达不到实际目标，还有可能连原本的合作事宜都出现波折。

心理智慧：

1.人与人的合作不是人力的简单相加，因为人不是静止物，而更像方向各异的能量，相互推动时，自然事半功倍；相互抵触时，则一事无成。

2.谈判当中，一定要秉持一种意见，相互推动，不要让过多的不同建议动摇自己的意志，削弱统一的力量。

跷跷板定律：让对方感到利益是均衡的

跷跷板定律的含义指，要使对方高一些，就必须使自己低一些；要使自己高一些，就必须使对方低一些。它在人类行为意识领域中占据着举足轻重的地位。在谈判当中，人们往往更愿意相信“零和博弈”，也就是谈判的双方更愿意相信，一方的收益必然意味着另一方的损失，博弈双方的收益和损失相加总和永远为“零”。只有让对方感到双方的收益是均衡的，他才更愿意和你合作。

趋利避害是人的本能。在谈判当中，对方如果感到你占了便宜，自然不高兴，但如果对方占便宜太多的话，他同样会出现疑虑，会认为这可能是陷阱，因为他也同样明白没有白占的便宜。只有让对方感到彼此间的利益是

均衡的，他才能更放心地与你合作。

一位大学教授曾做过一个实验，他挑出一批素不相识的人，然后给他们寄去圣诞贺卡，观望对方会有什么反应，结果出乎意料，这些人几乎全部回赠了节日卡片，大部分给他回赠卡片的人根本就没有想过这个陌生的教授是谁。可见在现实生活中，我们总是尽量采用相同的方式回报别人为我们做的一切，并尽量维持交往间的平衡。

王菁是某公司的老板，一次他和另一位公司的老板合作某个项目，取得了不错的效益。但是两个人在利益分配问题上却出现了分歧，因为双方事先并没有商定好分配原则，对方要求按照贡献方式分配，因为对方在和第三方协调中作出的贡献比较大，要求按照三七分。王菁不乐意，感觉这样分是非常不合理的，但一直苦于找不到说服对方的方式。最终，在一个助手的帮助下，他发现了对方说辞的漏洞，于是回绝了这种分配方式，他反驳对方道："我出了80元钱、你出了20元钱买了一头羊，你难道能因为这头羊的价钱是你砍下来的，就分我一只羊尾巴吗？你觉得这合理吗？"对方一听，的确是自己的要求过分了，感觉不好意思起来。于是，他们商定按照出资比例分配，但最后，王菁一定要付多半成的利润作为对方公司的"劳务费用"，这样双方都达到了利益的均衡。

合作或者竞争的双方往往会为了抬高自己而压低对手，想要让对方停止这种愚蠢的行为就要让他感到利益的均衡，也就是在心理上达到平衡。怎样让对方意识到利益已经是均衡的呢？

要将对方的利益考虑清楚，一定要在他的心理底线之上、心理预期之下，这样最容易反应出平衡的效果。谈判的双方都会意识到，结果肯定不会达到自己的预期目标，问题在于心理底线之上还有多大的空间能够让对方做出让步。利益只有在这个范围内，才更容易让人相信其均衡性。

不要轻易做出任何让步，如果做出让步就一定要提出一定的条件。一般情况下，对方会通过你的反应来试探是否触及到了你的底线。不轻易让步会让对方意识到，若再讨价还价，对方就会反感了，因为已经让无可让；而轻易退让和痛快答应，则会让对方感觉到自己“上当了”，认为他的利润空间还不小，后果是不仅仅这次合作可能生波澜，还会为下一次的合作带来阻碍。

心理智慧：

1.在谈判当中，一定要让对方感到彼此间的利益是均衡的。

2.如果让对方感到自己吃了亏，就算他一时因为不得已而选择委曲求全，也会在日后的合作中横生事端，不平之气向来是混乱的根由。

3.如果对方感到不平，不妨在谈判之后再补一点儿好处给对方。只有让对方达到心理平衡，才能更好地合作。

非零和博弈：合作反而能实现共赢

谈判其实并不像严格的“零和博弈”所说的那样，一方的收益意味着另一方的损失。如果双方能够相互配合，共同把“利益”这张饼做大，完全是可以实现“双赢”的。非零和博弈是经济学的一个概念，是一种合作状态下的博弈，博弈中各方的收益或损失的总和不是零，自己的所得并不与他人的所失大小相等，所以伤害他人也可能“损人不利己”，在这种情况下，博弈双方存在 “双赢”的可能。

一般情况下，谈判双方存在着一种“零和博弈效应”，即实力相当的双方在谈判时做出大体相等的让步，方可取得结果。然而，并不是所有的谈判都需要彼此让步，如果能够不通过让步而通过另一种方式达成双方合作，就可能实现“双赢”的局面。

事实上，生活中有很多“双赢”模式，比如大企业之间的“强强联合”，通常就是将企业彼此间的优势整合起来，从而取得更多利润；师生之间的配合，能够使得老师“桃李满天下”，使得学生掌握更多知识和信息，使人类间的智慧传承下去，也属于一种“双赢”。

在这里举一个例子，大家就能够很容易理解为什么谈判的双方能够实现“双赢”。相传，战国时期的范蠡是一个很会做生意的人，但他开始做生意时，本小利微，无法做大。后来，范蠡看到这样一个机会，南方的吴越一带需要好马。当时，在北方收购马匹并不困难，只要贩到吴越卖掉就能够赚一大笔钱，但问题在于把马匹运到吴越，路途遥远，再加上人吃马喂的费用和遭遇强盗的风险利润就微薄了。

后来，他想了一个绝妙的办法，在城门口贴了一张榜文，写道：范蠡新组建了一马队，开业酬宾，可免费帮人向吴越运送货物。不久就有商队找到他进行商谈，范蠡的条件很简单，只要支付马匹和他本人的食宿费用，马匹就可以免费使用。双方很快就达成了一致意见，商队的首领姜子盾很疑惑，于是问范蠡到底为什么要这样做。范蠡回答，因为到吴越的途中强盗横行，而来往商队一般都有专门护送的镖队，商队免费使用马匹，他也免费使用了镖队，很公平。

这大概就是最早的“双赢”模式。其实，只要谈判的双方能够找到一种策略来代替削弱对方的盈利并为自己创造效益，谈判就完全可能实现双赢。

要实现非零和博弈的目标，起码应该开诚布公，双方就自己想要达成的目标进行一番磋商和沟通。如果无法保证双方都能够达成目标，就应该各想主意，看看在自己的范围内，能够为对方做些什么，能够给对方提供哪些帮助，以这些帮助为交换条件就能够达成更高的目标。

一个大企业需要在某地建分厂，于是通过招标选择了一个建筑施工队。施工队的老板在招标时，开的价码是依照当时价码开的，但不久后，建筑材料的价格一路飞涨，做这单生意显然是赔钱了。于是，施工队老板找到了企业经理洽谈，看能不能多拨一些款项。

企业经理了解到这一状况，也体谅了他的难处，随即向上级汇报。上级批示下来，工程款不可以增加，但是如果厂房能够提早两个月完工，可以提供一笔巨额奖励，因为早一天完工就早一天投产，对企业只有好处。建筑队老板也为难了，自己手中就这些人，想要提早完工根本不容易。经理了解以后，看看进度，觉得完全可以提早两个月完成，但施工队老板告诉他，自己手下这些建筑工都是农民，再过一段时间，麦子就要成熟了，他们都要回家麦收，一定会耽误大概一个多月的时间。

后来经理了解到，这些农民差不多是一个地方的，家离得都不远，于是建议施工队老板为他们雇几辆大型收割机收麦子，这样麦收的时间就会大大缩短，甚至于根本不用这些男人回家收割，工程也就能提早完工了。

于是，这样一个简单的方法就让双方都得到了最大的实惠。在谈判的过程中，如果能够确立合作的意向，不妨开诚布公地跟对方谈一谈，也许能够得到更优化的策略，实现共赢。

心理智慧：

1.运用这个策略前一定要确定对方的诚信度，否则难免落入诡计。

2.在自己和对方的“难点”上下工夫、想办法，才能够得到更好的策略。

3.如果不能实现共赢，一定要留下退路。

参考文献

[1] 吴文铭.受益一生的心理学启示[M].北京:中国纺织出版社,2008.

[2] 成果.心理学的诡计[M].北京:中国纺织出版社,2010.